五彩校园文化艺术活动丛书

校园媒体类活动指导手册

陈思瑾 ◎编著

吉林出版集团股份有限公司
全国百佳图书出版单位

前言
PREFACE

在党和政府的要求下，长期以来，学校文化艺术活动作为学校教育教学工作的一个重要组成部分，不仅是广大青少年建立兴趣爱好和成材的重要途径，而且是学校德育工作发挥巨大作用的主要因素。营造丰富多彩的校园文化，为广大青少年开拓广阔的成材之路，这是加强素质教育的要求，也是培养青少年未来实现中国梦想的要求。

学校开展形式多样的文化艺术活动，能够使广大青少年达到开阔视野、陶冶情操、增长才智、提高素质、沟通人际、适应社会以及改善知识结构和掌握实用技能等方面的效果。在这些文化艺术活动中，广大青少年通过接受不同形式、不同内容的有益教育，能够起到潜移默化的作用，这对造就和培养有理想、有道德、有纪律、有文化、适应中国复兴和实现中国梦的新一代人才有着十分重要的作用。

因此，越来越多的学校对于开展丰富的文化艺术活动和营造浓郁的校园文化环境给予了越来越多的投入和努力，学校里的音乐队、合唱团、舞蹈队、书画社、兴趣小组等，简直琳琅满目。因此，校园文化艺术活动的组织策划与指导就显得十分重要了。这就需要坚持先进文化的正确方向，以育人为根本目标，努力发展符合实际需要、并为广大师生喜闻乐见，且具有实效的校园物质文化和精神文化体系，真正营造五彩校园的文化氛围。

为此,根据党和政府有关政策和部门的要求以及国内外最新校园文化艺术的发展方向,特别编撰了《五彩校园文化艺术活动》丛书,不仅包括校园文化艺术活动的组织管理、策划方案等指导性内容,还包括阅读、科普、歌咏、器乐、绘画、书法、美化、舞蹈、文学、口才、曲艺、戏剧、表演、游艺、游戏、智力、收藏、棋艺、牌技、旅游、健身等具体活动项目,还包括节庆、会展、行为、环保、场馆等不同情景的活动开展形式等,具有很强的系统性、娱乐性、指导性和实用性。

本套丛书适当配图,图文并茂,设计精美,格调高雅,不仅是广大学校用于开展丰富文化艺术活动的最佳指导读物,也是大中小学学校领导、教师,在校大中小学学生、研究生、博士生以及有关人员学习的最佳实用读物,还是各级图书馆珍藏的最佳版本。

目录 CONTENTS

NO1. 学校黑板报与墙报的建设

学校办板报和墙报的步骤............002
黑板报和墙报版面的规划............004
黑板报和墙报刊头的设计............008
黑板报和墙报的装饰美化............011
学校板报和墙报稿件的写作........014

NO2. 学校校报的建设指导

学校校报的具体发展策略............018
学校校报创办的策划方案............021
学校校报的具体编辑方案............025
校报编辑工作的具体组织............029
校报编辑部管理的制度化............032

N03. 学校校刊的建设指导

学校创办校刊的重大意义 ……… 038

学校校刊与生命力的教育 ……… 041

学校校刊创办的具体方案 ……… 045

校刊编辑工作的组织领导 ……… 049

学校校刊编辑出版的流程 ……… 051

N04. 学校广播站的建设指导

校园广播站的建设策略 ………… 056

校园广播站的特点与作用 ……… 060

校园广播站的管理规定 ………… 062

校园广播的思想政治教育 ……… 068

学校广播站的新闻写作 ………… 074

学校广播站的通讯写作 ………… 079

目录 CONTENTS

N05. 学校网站的建设指导

学校网站建设的意义与作用........084
学校网站建设的基本策略..........087
学校网站建设的基本要求..........091
学校网站建设的注意事项..........095
学校网站开发制作的过程..........099
中小学生上网的正面影响..........104
中小学生的网络安全教育..........107
预防网络的怪异"症状"............112
预防青少年的网络犯罪.............118

N06. 学校公共关系建设指导

公共关系的概念及内容 124

学校公共关系的基本职能 127

学校公共关系管理的对象 131

学校公共关系管理的原则 134

学校内部的公共关系管理 138

学校外部的公共关系管理 142

学校公共关系的利益管理 149

学校公共关系的管理成效 155

学校形象塑造与公共关系 161

学校形象塑造与自身发展 167

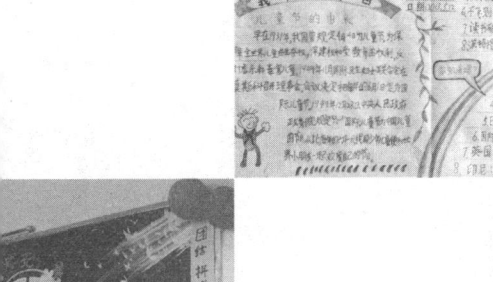

NO1. 学校黑板报与墙报的建设

学校办板报和墙报的步骤

工具材料

办黑板报和墙报常见的工具有直尺、三角板、圆规、教学用量角器、黑板刷、水桶、抹布、粉盒、长约6M的样线、彩色粉笔等。

操作方法

1. 粉笔的使用方法

如何使用粉笔十分重要，下面介绍几种方法供小朋友们参考。

反复旋转粉笔头可以使粉笔保持尖细，这样画上去的形象更确切，更能突出其中内容的冲击力。

许多小朋友为画有立体感的物体而烦恼，这里有一个小窍门告诉大家，平躺笔身，使用力度随所需颜色深浅而变，或者根据粉笔本身颜色的深浅差别而选用不同颜色亦可达到目的。

2.色彩搭配的要领

感情色彩，对其的研究，这里就不详细介绍了，但作为一名办报者，如果对色彩的选取与主题不符，办出的板报就不会出彩。色彩对比，在确立了大体色彩后，小面积地使用一些临近色或补色等对半高画面有一定的补充作用。

交叉使用，同一色彩在不同的区域反复使用，同样也能达到丰富画面的使用。一幅板报最好选用四至八个颜色搭配，这样板报色彩才显得丰富，太少就显得单调，太多又显得凌乱。如果你的粉笔盒的色彩不够，可以用其他色来调。

具体步骤

先在草稿纸上构思，设计出板报的刊头、版式、标题和文字。到黑板前用黑板刷刷去上期板报的文字及粉尘，然后用湿抹布擦净黑板。依设计的版式或概括地勾出各版块。用直尺或粉线在各版块打格子，注意横竖结合。画上刊头报花，再填写标题的文字。完善板面，对不满意的地方做一些修改，做到尽善尽美。

注意事项

文字的字数一定要事先计算好，把一些可有可无的内容删去，以达到文字能够完整且美观地"放"到设计版块内。标题最好单列出来，且不一定放在段首，可置于段中或侧面或图案之中，会更吸引人注意。要先画图形后，书写出文字，这样可调整文字的段落，随图案的变化而变化，避免形成空缺或文字被部分图案盖掉。

黑板报和墙报版面的规划

黑板报和墙报版面安排的总体要求是：突出主题，主次有致，生动活泼，和谐统一。即是说，在突出主题的前提下，整个版面既要有变化，又要有统一，这样才符合形式美的规律要求，才能使黑板报版面产生美感，吸引观者注意，达到宣传、教育和丰富生活的目的。

值得一提的是，版面设计的布局合理，经营位置恰当，本身就是很好的装饰，就能达到吸引阅读者的注意力，提高阅读兴趣。如果版面安排杂乱无章，就会使人不得要领，兴趣索然。

熟悉总体内容

首先，在安排版面之前，要熟悉一下稿件的全部内容，在脑子里

形成一个完整的印象，以利于考虑版面的总体规划。这就要求对不同内容的文章进行分类，一般说来，每期黑板报都有一个总主题，属于"论述"、"评论"、"纪念"性的文章，宜编排在显要位置。

"散文"、"游记"、"诗歌"、"通讯"一类文章可以活泼一些，做到版面有中心，有侧重。所有文稿都必须依此划分轻重、缓急，重要的放在突出显眼的位置上，他它内容按版面的具体设计内容酌情安排。例如办一期"文艺园地"，就必须把有关文学、艺术的文稿放在突出显眼的地方，与此无关，或关系不大的文章，无论文采怎样好，也只能以版面的设计需要为准放在恰当的位置，不能喧宾夺主。

细节内容排版

黑板报和墙报四周要注意留出一定的空隙，不能紧贴四边；刊头应放在左上角、右上角、左右侧或中间，不能放在黑板报和墙报的下边；标题标语、口号的摆放以起到通揽整体的作用为宜，但要注意不应干扰主要内容。标题要岔开，排列要有变化，有横有竖，这样版面就比较活泼。

一篇稿子所占面积的大小、字的大小、横写或竖写、行距和字距等都是决定版面安排好坏的组成因素，同时还要注意文章之间要留间隔，不要靠得太近。如果有可能，最好能用尺子测算出大概的规范依据，并设计勾画出小样。

由于黑板报和墙报不可能像报刊那样精确排版印刷，文章在抄写过程中也许会出现挤不下的情况，也可能出现"空地"，这就要用删减文字的办法解决挤不下的矛盾，用增添插图、题图、尾花待的手段补充空白。在黑板报和墙报的装饰过程中，报头、题头、插图、尾花、花边要摆放适当，不要挤得太满，四周也要留有一定的空间，给人以轻松悦目的美感。若安排太松，便会使人觉得千窗百孔、零乱

不整。

黑板报和墙报每行文字不应太长，每行文字太长不便于阅读，同时也影响版面的美观。在黑板报和墙报版面设计中还应注意题头、插图、尾花、花边不宜用量太多，否则就会给人以眼花缭乱的感觉，影响对主题的渲染。

黑板报和墙报还可以分成若干栏目，把同类型的文章和专题性文章放在一起。例如"时事专栏"、"新人新事"、"文体活动"、"学习交流"、"科技园地"，等等。这样做会使层次分明，条理清楚，正确地处理好变化与统一的辩证关系。

版面具体设计

板报、墙报的设计，一定要遵循从全局着眼，总体考虑的原则。首先考虑的是整体基调，即是庄重肃穆还是充满活力等，然后才考虑板报的整体构图布局。报头、标题、文章的编排；字体、图案、色彩等的运用要紧紧围绕这个总基调并使它们成为一个具有内在联系的一个有机的整体，做到内容的思想性，形式的艺术性和谐统一。

1.版面的编排形式

版面的编排形式通常有横排、竖排、横竖结合三种形式。最常用的是横竖相结合的形式，因为它不容易使版面呆板、僵硬。最主要的文章内容要放在紧靠报头的地方，有如报刊中的"头

版头条"。其余的文章内容视其重要的份量,依照"左上部大于右上部,左部大于右部,上部大于下部"的视觉效果价值的规律放入相应的版面当中。

2.版面的编排骨式

版面应根据板报的宣传主题和版面的注意价值,恰到好处的编排,要做到整洁、条理、醒目、美观。

M和W型式、廿字式、连环式、十字式、条幅式、阶梯式、菱形式是较常的编排骨式,还有辐射式、凹凸式等。

3.版面中色彩的运用

色彩作用的除了为主题服务外,运用色彩还有一个目地,就是吸引读者的注意,唤起读者的情感,给读者留下深刻的印象。在板报中,运用色彩要注意以下两点:

(1)根据内容要求主体色。如:内容为欢庆节日,主体色应为红色;而学校、军营生活充满活力、健康,宜以绿色为主体色。确定主体色后,并辅以二至三种辅助色,既烘托了主题,又使整体版面在视觉效果、情感效果上有一种和谐之美,让人产生愉悦感。

(2)要恰当地运用色彩对比。色彩对比在板报中的运用相当重要,主要是主体色与辅助色之间的对比;辅助色与辅助色之间的对比。对比方式通常有色相的对比,冷暖对比,面积对比三种。而这三种方式也常常是综合地运用。如果主体色太暖了,则充当辅助色的冷颜色面积可大些,色相纯些,使色彩在视觉效果上达到平衡。色彩对比运用得好,可使整个版面节奏明快,色彩鲜明,会强烈刺激读者的视觉,弥补了板报、墙报容纳信息量少、更换期长,难以引起读者注意的缺点。

黑板报和墙报刊头的设计

一般说来，黑板报和墙报最突出显眼的地方在报头附近。因此，与主题相关内容的文章就应当放在报头附近较好。所谓"报头"，就是人们常说的刊头，主要起美化黑板报的作用，由图案和文字组成，相当于书本的封面。

从视觉上讲，黑板报和墙报的报头是整个版面最美、最能吸引人地方，阅读者无论处在何种位置，只要看到黑板报、墙报，那么首先感受到的必定是报头特有的艺术感染，阅读者必然对报头高度注意，

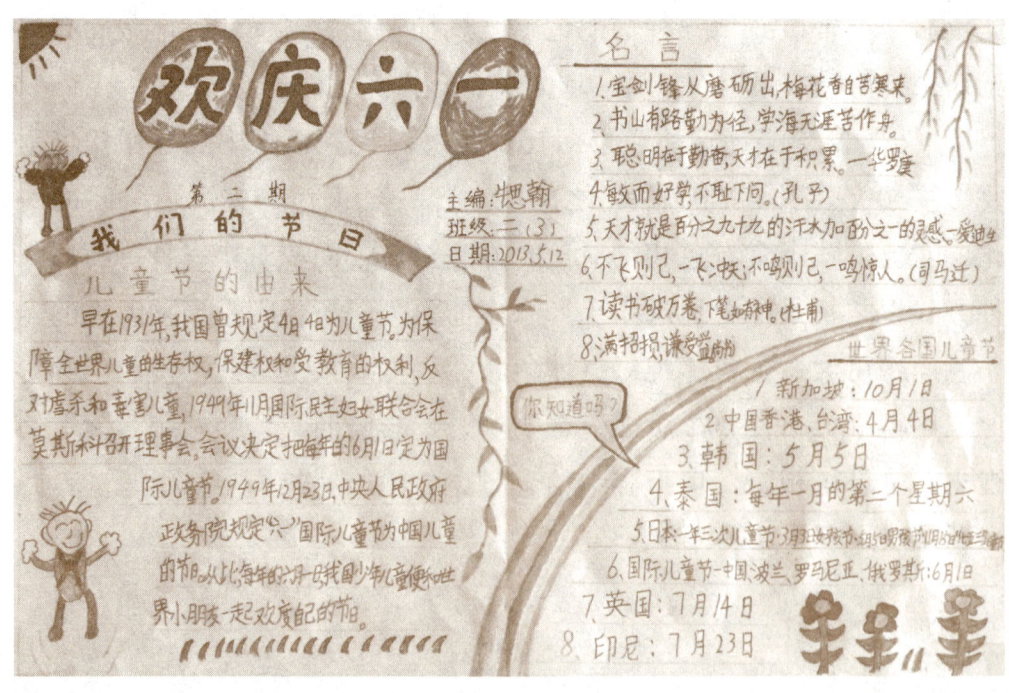

这样，报头附近的文章也就在观者的艺术享受中先入为主了，办报的目的也就使阅读者一目了然了。熟悉了稿件全部内容之后，就应打腹稿，然后再用"摆豆腐块"的方法揣摩各部分的位置。

标题的编排

黑板报和墙报的标题编排的好，可以增强黑板报的吸引力。标题一定要新颖、醒目。拟出一个好的标题，并不是一件容易的事，光看稿件的内容是不够的，还要很好地研究群众的心理。

一期黑板报总共有几篇文章，要把几篇文章的标题放在一起研究，几个标题放在一起要和谐，同时又要看到这期黑板报的中心。黑板报的编排首先要考虑整体感，文字、插图、花边都要配合得当，恰到好处。

每期的重头文章应放在显著位置以引起读者的注意，映衬的文章安排也要有层次。节日的黑板报可增添喜庆的气氛。黑板报的色泽要明朗美观，让群众赏心悦目。

刊头文字设计

刊头文字是刊头的中心，也是黑板报和墙报的"重中之重"，所以，刊头文字内容，务必精简能概括地反映出板报和墙报的主题，文字字体，最好设计为一些美观的美术字，或根据画面需要，适当改变字形、大小及笔画，以及利用一些点、线、块来构成笔画等。

刊头图片设计

图片内容最好为一些抽象化的人物、道具、场景等，并配合文字构成整个刊头，在色彩搭配上尽量让二者保持，既统一又有对比的关系，比如：红与蓝，蓝与绿，等等。

报花的选用与设计

一般与喜庆有关的板报选用花朵、烟白花、气球等报花；春节、元旦的板报选用生肖、花条、烟花、气球等报花；体育运动的板报选用

人物、球类等报花；科技、学习的板报选用雷达、火箭、书等报花。

如何选取板报字体

一期赏心悦目的板报、墙报，除了合理的版面设计，美观大方的报头和标题，色彩的和谐搭配，还应配上一手得体漂亮的粉笔字，方能显出板报、墙报的实用性和艺术性，才算得上完美的板报、墙报。

文章内容的书写，字体通常用楷书、仿宋体、细等线体、隶书、行书。尤以楷书，仿宋体最为常用。一般来说，一些简短而重要的内容可用隶书和细等线体书写；如果文章较长时可酌情用行书书写。在板报中，文章的内容忌用其他字体诸如草书、篆书诸如之类的字体，以免有失板报的新闻性、准确性，简便灵活的特点。

特别需要指出的是，无论采用哪种字体书写，其字体大小只能占整行宽度的二分之一到三分之一，如果超出二分之一，版面则会显得拥挤；如果小于三分之一，版面又会显得松散。还需注意的是，文字书写时要用白色粉笔，若用其他颜色的粉笔，易使版面太花哨，进而导致版面的杂乱无章。

表现军事、体育等话题一般选用，刚毅有力的字体，如黑体、综艺等字体；表现女性、节日等话题，一般选用圆润的字体，如琥珀、圆体等字体；表现儿童、学习的话题，一般选用较为活泼的字体，如花瓣等字体。

黑板报和墙报的装饰美化

版面设计是办好黑板报、墙报的首要环节，它的好坏直接影响到它们的整体效果，其中版面的装饰美化也是重中之重。因此，在出报之前，要画一个按黑板报和墙报比例缩小了的小样。

刊头和插图

刊头和插图是黑板报和墙报的组成部分，如果没有刊头插图，只是通篇的文字，就会让人感到枯燥乏味。因此，刊头和插图在板报、墙报的装饰和美化中起着很重要的作用。但是，如果只为了美化

而随意选用刊头也不会收到好的效果。所以,要结合内容选择合适的刊头,并根据文章配画不同形式的插图,求得整体统一。做到文图相符,一目了然。

刊头和插图的形式也是多样的,如圆形、方形、菱形、扇面形等几何图案,或人物、山水、花卉等。绘制的方法也不是固定不变的,可用线条表现、色块表现,也可用线条与色块相结合来表现。但都应注意画面效果,力求突出主题。

花边图案

为了使版面中各篇文章可以很容易地分隔开来,我们常常用一些花边或者是边框线。这样可以使版面清晰、层次分明,便于阅读,也可以美化和丰富版面。

花边也叫二方连续纹样,是用一个基本纹样,向左右或上下两个方向重复排列,延长成连续纹样。花边上的花纹图样要工整、简练。边框线可以是直线、折线、射线、弧线和箭头线等,线型可粗可细。

一期装饰性好、版面活泼的黑板报和墙报,不但刊头要美观,文字要清秀,而且花边也得能起到美化整体的作用。在绘制花边时,要根据版面的具体情况,画得美观大方,不要过于繁锁,否则会喧宾夺主,破坏板报、墙报的整体效果。

美术字的设计

美术字醒目美观,整齐清楚,在黑板报、墙报中应用很广泛,并且形式也很多,风格各异。

1.美术字的基本规律

美术字千变万化,但总结起来只有三种,即:宋体、黑体和变体,宋体又可分为老宋体和仿宋体。初学美术字的人,写起来总觉得无从下手,但只要细心观察就会发现,这三种美术字都有一个基本规律,只要掌握了这个规律,学起来就快多了。

老宋体字端庄大方、笔划优美。它的特点是横细竖粗；横划的收笔处和"刁"的转折处有一明显的顿角，点是上尖下圆。虽然横是细的，但在写"L"和"I"的横划时，要写成粗的。"J"和"I"的起笔处也有一个顿角。"口"字的上下要出头。

仿宋体字挺直秀丽、书写方便。其特点是：字体成长方形，笔划较细，起笔，收笔处都有较明显的顿角，横划稍向右上方倾斜。这种字体常被用在展览会的说明、标牌等处，所以，书写时不宜太大。

黑体字粗壮有力、严肃雄健。特点是：笔划较粗，而且相等，点、撇、勾略带弧形，笔划的两端略微加宽。这种字是标语、标题较理想的字体。

2.书写美术字的步骤

对于初学美术字的中小学生来说，要写出较满意的字，可参考下列步骤进行。

打格之前要事先根据内容来决定字体及比例，然后按照设想用铅笔轻轻打出所需的方格。

骨架在打好的格内，用单线勾出字的草稿，这一步比较重要，因为它直接影响笔划部位是否匀称，所以要细心安排。勾边按照定好的骨架和需用的字体勾出字形，这需要严格注意笔划的粗细规律。

上色在勾画出的字形上，借助于直线笔、直尺及曲线尺，用所需颜色勾出确定的轮廓，这是决定字形的关键，然后用毛笔填色。

修整在书写的过程中，常会出现局部锯齿状等现象，所以要用白颜色进行修整，直至满意为止，最后用橡皮擦去铅笔线。

如：橙色粉笔没有了，我们可以用红色粉笔画一遍，然后轻轻地在上面涂上一层黄色的粉笔灰，再揉搓一下就能达到想要的橙色。

学校板报和墙报稿件的写作

内容精简，通俗易懂

黑板报和墙报稿要尽量做到口语化，首先是不要写长句子，不要在一个名词前头加上很长的修饰语，不要乱用"面对"、"通过"之类的形容词，把句子弄得很复杂，使人看到后头，忘了前头。

其次是不要用一些别人看不懂的形容词和比喻，如"他那红扑扑的脸颊上充满着对党的事业的忠诚"、"他有一颗太阳般温暖的心"之类的话。不要滥用自制成语，如"坚持战斗"、"苦干巧干"，要选择师生喜闻乐见，能够理解接受的词汇。

把黑板报、墙报制作的通俗，这是一个态度问题，有的同学写黑板报稿有一种不正确的思想，总觉得这是在写文章，要有"文章气派"才好，不替群众着想，这样就会失去读者。

写黑板报稿要用事实说

话，要善于抓住事实中最精彩、最有教育意义的部分来写，叙述事实的时候要详略得当，在事实的基础上，可以适当加一些议论和抒情，以深化文章的主题。黑板报文学不论属于哪一种体裁，都应当写得短小精悍，一般不要超过四五百字，二三百字为最好，让读者能在两三分钟内看完一篇，在特殊情况下，也可以稍长一点，但仍以千字以内为宜。

抓住要害，突出重点

重点最能显示事物的本质部分，突出重点才能有效地发挥黑板报的宣传作用。由于黑板报是本单位群众性的报刊，读者对它所报道的事情和所论述的问题大致熟悉，不必像普通报刊那样有时要把事情说得比较全面。在记叙性质的文字中，写读者最关心，最能突出中心意思的东西。在议论文中，有时不一定要展开论证，如针对某一个现象或问题可直截了当地提出自己的观点和主张，如果需要展开论证，则应注意针对性，并紧扣中心意思，不扩大论述范围，有时所用的论据应当是最突出、最有说服力的，引证也要力求简洁、恰当。

写稿时要竭力删掉多余的字句。所谓多余的字句，不仅包括重复字句，也包括可有可无的字句。一句话能够说明白的，就不要说上两句，可以合并起来的，要尽量合并。不必要的关联词语、修饰语等等，最好删去，要努力做到不说废话和长话短说。

NO2.学校校报的建设指导

学校校报的具体发展策略

随着世界科学技术的巨大进步,各种新媒体不断涌现。在新媒体环境下,学校校报作为校园主流媒体当中的主导媒体,既遭遇着新发展的困境,又面临着全新的发展机遇。

校报在新媒体环境下的发展困境

1.新媒体不断涌现,校报功能减退

随着21世纪的来临,在世界科学技术取得巨大进步的背景下,在社会信息传播领域,出现了与传统媒体迥然相异的新型媒体,如网络

媒体、手机媒体、电视媒体、户外媒体等新媒体形式，新媒体使人们接触信息的容量达到无限，对政治的影响不断扩大，给经济带来的利益不可计数，对文化的影响无所不在，不断挑战主流和精英文化。学校校报作为新闻媒体中的传统角色正逐渐失去它的魅力。

2.校报在与校内外主动权方面显现出劣势

在危机事件发生的时刻尤其如此，因为这时随着事件的快速发展，人们越来越需要更快地获得事件的背景信息。校园网络、校园电视、数字校刊、数字报纸、数字广播、手机短信、移动电视、互联网、桌面视窗、数字电视、数字电影、触摸媒体等信息速度使人们能够更快地获得信息，因而人们对它的依赖程度不断提高。

3.人们的阅读习惯在不断改变

很多人都通过网络、3G手机、移动电视等新媒体获取信息而不是去读报。学校校报发展空间严重萎缩。在各种新媒体的涌现的环境下，学校校报必须转换视角，谋求发展，与各种校园媒体与校内外媒体强强联合，相互取长补短，有效地进行资源整合并弥补自身的不足，把握趋势，发挥优势，与时俱进，从自身的优势和发展的实际出发，加快改革步伐。

新媒体环境下学校校报发展措施

在新媒体环境下，学校校报作为学校主流媒体当中的主导媒体，必须谋求全新发展道路，把握时代脉搏，体察受众新生，适应中国文化大发展、大繁荣的趋势，把这个曾经的朝阳产业，打造成新时期学校校园中的知识阶层信息需求的大集市。

1.学校校报发展要实现全面转型

实现校报的数字化。使校报由纸质媒体向数字媒体转化，有效利用网络传播优势，建立高效的校报数字化发展战略。校报网络版，使信息传播的范围更广，师生员工、校友、家长、关注学校的人士，只

要能上网,就能看校报。增强校报的互动性。

建立论坛,为关注校报的读者提供畅谈校报、交流思想、探讨学术的空间。开设博客频道,把师生员工日常生活的点滴感受、新闻、作品、思想、成长历程等发表在博客中,平淡朴实而容易接近,必定会成为校报提升其吸引力和影响力的重要途径。

未来的学校校报一定要利用传统媒体的报道经验、专业能力、品牌力量,创造数字化内容,提供多渠道内容平台,服务学校校园文化建设,实现各种新媒体与传统媒体的合作共赢。

2.学校校报逐步树立大众文化意识

学校校报新闻文化要树立大众意识,以人为本,关注民生,以报为媒,反映广大师生关心的问题和工作难点,关注党和国家当前的工作重点,了解社会发展的现状,才能更好地宣传党的政策,把握舆论导向。

校报作为校园文化建设的承载媒体,对师生员工的文化选择、文化心理、文化构成、文化品位要有深入的研究,致力于先进文化的创造与传播,努力满足师生员工的文化需求。学校校报在新媒体环境下推行大众文化的同时,注重报纸内容高质量、高品位、可读性的多重开发。

3.学校校报在新环境中坚守独立的文化品格

只获取值得信任的信息,这是报纸一直以来的伟大使命。权威性将使报纸在未来的各种新媒体仍然保持着强大的生命力。然而学校校报在草根文化泛滥、优质文化匮乏的情况下,根据大学生、教师这些高层次人群的特殊需求,又必须坚守独特的文化品格。学校校报作为校园主流媒体当中的主导新媒体,它向前发展靠的不是技术,而是内容,技术只是载体,内容为"王"才是根本。

学校校报创办的策划方案

校报作为一种特殊类型的报纸，在传播校园新闻信息、引导校园舆论走向、丰富校园文化生活等方面发挥着重要的作用。对于一座发展中的学校而言，创建自己超前的教育理念和文化品牌，既是学校内在的灵魂所在，也是学校的精神内涵得以传承。

校报是学校宣传自己的窗口，是学校对外开放沟通交流的桥梁，校报是校园文化的载体，体现着一所学校的精神风貌，能够丰富校园

文化内容，为了促进校报的发展，特制定校报策划书，以资共享并提以真诚地建议。

奋斗目标

组建一支和谐、高效率、高素质的编辑团队，有自己的团队文化和业余生活，确立校报编辑部在学生组织中的地位和影响，明确校报在学校工作中的具体作用，调动成员的积极性，充分利用自身资源，关注校园活动，及时传达校园信息，进行全方位的采访工作，做好校报对内对外的宣传媒介。

现状分析

中小学学校报的创办还处以草创阶段，各项工作还未展开，缺人、少人是目前校报起步的最大困难。同时就目前中小校的实际情况得出的普遍现象是：学校的各项事件受学生或教师的关注度偏低，或者是对各种事件的发生缺少新闻敏锐度。

机构设置

1.编辑组

下设二版、三版、四版，负责新闻整理分类，文字编排校对，最终形成完整的报纸方案。

2.新闻组（记者团）

主要负责采访任务，深入各社团采访学生活动，采访优秀教师学生，并整理成稿子。

3.美编组

版面设计，图片编辑，及报纸的风格走向等。

4.秘书处

负责外联工作，规章制度制定，会议考勤，报纸发放，稿子收集整理分类。记录内部人员投稿及入选稿件数量。

板块设置

校报拟设置三个版面,每个版面设置如下:

1.第一版

校园新闻主要内容:主要以校园新闻为主和与中学生有关的新闻,做新闻调查,采访优秀教师,报道优秀事迹,获奖喜讯。

2.第二版

校园生活主要内容:学校重大集体活动。各类教学活动的开展、及其他类型的集体活动。各部门举办的各类学生活动,各种公益活动。

专题报道:每期一个专题,针对校园中的热门事件或现象进行采访报道,分析深入报导。

3.第三版

校园文艺主要内容:刊登学生中的优秀作品:散文随笔,杂感,随笔,日记,书画。一切奇思妙想等,题材不限要求原创,心里成长故事,生活图片,注重人性注重哲理。

工作安排

将队伍组建起来,逐步步入正规划,建立成员档案,召开全体成员会议,人员安排到位,制定具体工作分工,调动全体成员的积极性。

制定确切例会方案,报纸确版一周前召开编前会,做好下期报纸准备工作,整理已有资源,做好任务分工,制定下期主题。报纸出版之后马上召开报纸总结会议,对上期报纸进行评价总结,扬长避短。

召开"校报学生会见面会",目的加强与学生会的工作联系合作,为校报提供各类新闻线索,学生活动及时通知编辑部记者进行现场采访,做好报纸宣传工作,增加稿子来源,推荐优秀学生作为采访对象,施加一定压力使报纸发放到位。举办一次全校范围内的征文比赛,调动全员学生对校报的关注度,主题待定。进行几次有意义的专访。

人员组织

由于校报初创，故需成立编辑部、记者团，需要大量有志人员，故诚邀各位加入：有兴趣、有一定编辑特长的教师；各班有一定文笔功底、有一定的新闻敏锐度的优秀学生；有一定摄影爱好及功底的教师与学生；各社团领导人。

成员待遇

依照纳新时承诺，依照平时工作表现态度及成果，每一学年进行一次工作总结，评出优秀个人，颁发相应证书，对于任职期间合格者颁发相应的聘书。

出报流程

校报主管领导安排主要任务→编前会→记者→编辑→美编→校报主管领导审查→完善→样报校对→编后总结会。

学校校报的具体编辑方案

学校办报宗旨

校报是学校对外宣传的窗口，是学校党政的"喉舌"。它的创办，目的是加强和家长之间的联系、扩大学校的影响、促进对外的交流，营造积极进取，昂扬向上的精神氛围。

校报要体现学校的办学理念、管理思想和奋斗目标；注重报纸的科学性、可读性、知识性和观赏性，要体现出校报的权威性、群众性和专业性。

学校校报体制

最高决策机构为临时编委会,总编辑由校长担任,编辑部成员若干,编辑部由校长领导。

建立层层把关制,责任编辑把好所负责的各版内容关,有拿不准的问题请示主编,主编有问题请示总编辑。排版校对后出大样,应经学校校长审阅后签字后方可复印出版。

校报内容设定

1. 新闻版

介绍学校中心工作,报道重点工程,关注学校动态,栏目开设有:

(1) 创刊词。

(2) 专题报道。展现学校新近大事。

(3) 图片新闻。展现学校硬件风采,或是领导来访。

(4) 校园传真。学校各类活动一览。

(5) 教育资讯。传递教育部的消息。

(6) 友情赞助。期望有企业的友情赞助。

(7) 广而告之。对未来一周或一个月的工作安排预知家长。

2. 家教版

凸现本校的特色教育,宣传阵地活动,交流家教经验,传递教育信息,传播校园文化栏目开设有:

(1) 鸿雁尺素。刊登家长来信,听家长之心声,决家长之难题。

(2) 百家争鸣。由各个年级的各科资深教师提出家教的建议和各个年级段的家教要求。

(3) 英风美语。请英语老师向家长指导,如何在家学习英语的方式方法。

(4) 他山之石。请有经验的好家长,对自己的育儿经验进行介绍。

（5）心香一瓣。给家长鼓劲，打气的专栏。

3.习作版

指点江山，激扬文字，彰显学生风采，教师风采，荟萃四方名文，共为一版之见。栏目有：

（1）雏凤初鸣。"雏凤清于老凤声"，初中生文学试笔专栏。

（2）校园明星。四年级学生是小学部学生团队工作的主体，主要刊登他们的好人好事。

（3）雏鹰展翅。为三年级的学生准备，他们正在成长阶段，展现自我风采。

（4）小荷尖尖。为二年级学生准备，可以展示学生的习作。

（5）书海漫游。好书推荐，请各年级的老师为好书作序，推荐好书。

编辑工作要求

1.稿件处理

所有稿件必须经过审核方可用稿，稿件取舍要以是否具有新闻价值和社会效益为标准，以指导性和影响性为原则，杜绝一切政治错误或内容不健康的稿件。重点稿件与一般稿件要分开处理。

对于时间原因影响新闻性的稿件，要予以适当技术处理，以突出指导性或影响性。认真改稿，避免原则性错误和辞章、语句、词语、文字和标点符号的使用错误。

同一主题、内容或形式的稿件一般要进行合理配置，精心制作标题，标题要突出核心内容，准确、生动、活泼，避免机械重复事实，忌用煽动性或口号式标题。

2.版面处理

版面编排思想要与报道思想一致。重点稿件要突出。

各版稿件力求多样化，原则上要有文字类、图片类、书画类等丰

富多彩的稿件形式，而文字类稿件力求具有根据并服务于学校教育的报道性、述评性、感受性等多样的形式，发挥版面的综合功能。

标题要醒目，引题、主题和副题要有区分，各司其职，布局要有美感，避免穿插、转接过多，影响视觉效果。

3.档案登记

档案资料的妥善保存，也是编辑部的重要工作之一，因此，制定出一系列规定。

保存好来稿，做好采用来稿登记工作；未采用稿和采写资料保存一年，以备查考。

本报版样及采用稿和主管领导签字的终审样按期装袋存档。

本报要送学校档案室和图书馆存档三份，编辑部妥为保存好余下的部分，实行和图书资料一样的借阅登记制度。

报道上级和兄弟学校间交流的报纸，由校长办公室负责统一寄发；来访的单位或学校需要赠阅，应报请校长批准。

建立学生通讯员档案。

校报编辑工作的具体组织

中小学学校的校报管理要以"追踪校园热点,展现教研成果,提高写作水平,丰富校园生活"为宗旨,以正面宣传为主,展现广大师生和学校蓬勃向上的精神风貌,营造浓郁的文学氛围,建设朝阳精神绿地,拓宽学校同家长、学生、社会交流的平台。

组织机构

编　辑:XXX

版面编辑：XXX

摄　　影：XXX

责任编辑：XXX

监　　制：XXX

版面简介

A版：校园新闻

分为图片新闻和标题新闻两个部分。图片新闻为一个月来学校发生的重大新闻事件，用通讯或消息的格式撰稿，有图片的提供电子版图片。标题新闻指一句话新闻，简明扼要。

B版：学生文苑

主要刊登学生的习作、少数绘画书法作品。

C版：教师园地

刊登一些教师的教育随笔、教育叙事、教学妙招、教学心得，等等。字数600字左右。

D版：家校园地

包括学生学习的一些巧方法、小妙招，或者出一些有趣的题目，只要能提高学生的学习兴趣，促进综合素质的发展即可。

稿件流程

1.投稿

要求各处室、各级部根据四个板块的内容积极准备对应稿件。各处室主任和各级部主任为投稿总负责人。

A版：校园新闻，以处室和级部为单位投稿。图片新闻必须是开展的大型活动，要有通讯和对应图片。标题新闻的一句话新闻要写清楚。

B版：学生文苑，教师发掘、指导的优秀学生作品，并附有教师简评。

C版：教师园地，刊登一些教师的教育随笔、教育叙事、教学妙招、教学心得，等等。字数600字左右。

D版：家校园地。以家长的优秀教子方法，学校的家校联系为主题。D版也可设光荣榜和曝光台，内容由各处室和级部提供。光荣榜为近期师生获得的荣誉或成绩，常规检查先进班级等，发表的小记者稿件各班统计等，曝光台为一些不文明现象等。

2.收稿

各版块的责任编辑要经常打开邮箱收集稿件。每月30号到次月5号按照负责的版块主题把内容汇总整合。

3.选稿

次月8号责任编辑统一把选好的稿件发回《XXX报》相应期次的文件夹内，进行资料汇总。各版块的责任编辑要公平、公正地对所有稿件进行筛选、评比，选上的稿件要有充分的入选理由，要做好解释说明的准备。

常规工作

召开每月一次校报例会，根据学校阶段工作布置每期的主题与重点。组织安排小记者对校园事件进行采访获取新闻信息及稿件。注：责任编辑要亲自参与重大活动。责任编辑根据每期主题与重点组稿、审稿，并报请主编审阅。对符合发表条件的稿件，由责任编辑再次进行审读，审读要求是：核对事实，润色文字，设计标题。

表彰奖励

校报表彰将作为单独一项计入千分制考核。教师发表的文章，每篇按考核分2分计入考核成绩。学生发表的文章和作品按照每篇1.5分计入教师考核和班级量化考核。每学期根据校报上发表的稿件在评选"优秀处室"、"优秀级部"、"优秀教师"时将作为其中一项。

校报编辑部管理的制度化

校报编辑部职责范围

办报育人,结合办报培训学生记者、通讯员。

力所能及地开展对外宣传报道工作。

校报编辑部主任职责

主持校报编辑部日常管理工作。

主持校报的编辑出版工作,主要包括:提出报道计划、要点,主持召开编前会、定稿会,审查各版稿件、决定稿件取舍,审定各期报

纸的清样。

对编辑部人员的聘任、培养、使用、考核、晋升、奖惩提出意见。

决定学生通讯社学生记者、通讯员人选。

组织校报人员对外宣传投稿。

校报责任编辑职责

编辑工作要符合校报质量规范。

负责本版的校对工作。

轮流担任值班编辑。

承担分工的校报内务和编辑部内务工作。

完成编辑部主任安排的采访任务及事物性工作。

校报值班编辑职责

值班编辑由责任编辑轮流担任。

负责将当期校报各版的版样、稿件、图片呈交分管领导审稿。

当期校报发稿后，检查版样、稿件、图片是否齐全，并检查报头、报尾的出版期数、出版时间、印刷时间等是否无误，然后送印刷厂付印。

负责从印刷厂取报，组织对校内发放校报和组织对校外邮寄校报。

校报审稿的制度

责任编辑为本版稿件的第一审稿责任人，负责本版稿件的审稿和送审工作。无论是本报记者采写的稿件，还是学生记者、师生员工的来稿，责任编辑都要认真审稿。

1.审稿的主要范围

新闻类稿件、言论类稿件和新闻照片、副刊稿件。

2.审稿工作的重点

把坚持正确的舆论导向放在首位，从舆论导向、社会效果、内容的客观真实性等方面，对稿件进行审查。凡舆论导向有误、社会效果

不好、内容失真的稿件，均不得采用。

3.审稿的主要程序

责任编辑审稿：涉及学生班级工作、班级生活的稿件，请辅导员审阅；涉及各系学生工作的稿件，请系分管领导审阅；涉及全院学生工作的稿件，请主管部门领导审阅；涉及教职工的稿件，请有关院系、处负责人审阅；涉及党团工会统战工作的稿件，请有关部门负责人审阅；涉及系、研究所工作的稿件，请系、所负责人审阅；涉及部门工作的稿件，请有关部门负责人审阅；涉及全院性工作的稿件，应请学院分管领导审阅；稿件内容涉及师生员工个人的，应先请师生员工本人审阅。

对政策性、思想性、导向性把握不准的稿件，应及时送校报编辑部主任审稿。送审稿一般应有审阅人签字，未签字的，文责由责任编辑承担。

责任编辑编辑好本版稿件后，填写好审批单，将版样、本版的全部稿件和发稿审批单交编辑部主任审批。编辑部主任审批后，将全部稿件和版样呈分管领导审稿。

学生通讯社暂行管理办法

校报学生通讯社是校报编辑部领导的学生兼职记者、通讯员队伍。

校报学生通讯社的学生记者、学生通讯员应当是品学兼优、热爱写作、具有写作能力者。

录用学生记者、学生通讯员采取个人报名和系部推荐，校报编辑部考核相结合的办法。

学生记者的主要任务是：采写稿件、搜集传递信息、推荐稿件，并帮助校报编辑部做一些编务工作。

学生记者每年至少被校报采用6篇稿件。

学生通讯社人员未经校报编辑部批准，不得采访学校领导，不得

采访学院党政部门；采写教职工也应经校报编辑部批准。

校报学通社成员每年调整一次。

每年评选一次优秀学生记者、优秀学生通讯员；每学期推荐几名社会工作奖。评选标准：从发稿量、投稿量、传递信息量和协助进行编务工作等方面综合考虑。

校报编辑部会议制度

每期发稿前召开编前会，讨论确定本期稿件；每期出版后召开编后会，总结本期办报工作。

每学期开学和期末召开编辑部工作会议，讨论部署和总结本学期工作。

每学期开学和期末召开学生通讯社会议，部署和总结本学期工作。

遇到以下情况时要及时召开会议：需要学习、传达校党委、校行政或上级有关精神时；推选好新闻时；确定学生记者、通讯员人选时；遇到重要问题时。

NO3. 学校校刊的建设指导

学校创办校刊的重大意义

校刊,是外界了解学校的窗口,是打造校园文化的平台,更是一个学校的精神家园。它不仅使校园文化靓丽多彩,而且还能创设出和谐的校园氛围,彰显出"团结、进取、求实、创新"的校风,打造出"善思、善教、身正、爱生"的教风,和"自主、惜时、合作、乐学"的学风。对学校、对教师、对学生、对家长、对社会,它都起着

举足轻重的作用。

校刊，是外界了解学校的靓丽窗口

在校刊上，把学校当月的教研活动、校园建设、上级领导视察、好人好事等重大事件按时间顺序进行排列，作为学校的成长历程，除了能让外界了解学校当前的教育教学动态外，还能激发师生斗志。

同时，还可以以校刊为学校名片，每期寄赠市县教育行政部门和兄弟学校，介绍学校最新动态、工作举措和办学成果，让他们了解我们的学校，进一步支持我们的学校。

校刊，是教师开展教研的重要阵地

目前，还有一部分教师只关心自己所任学科和班级，只关心自己的教学成绩，对提升自己的文化素养和专业知识不够重视，这样不利于教师的成长。

校刊可以设立"科研资讯"、"德育之窗"和"课改平台"等栏目，不仅可以介绍教育教学方面的实践探索和成功经验，特别是新课程实验方面的做法；还能够发表本校教师教学体会，教师教学论文和班主任工作总结等，让教师把握教育发展和课程改革的前沿动态。

校刊，是学生展露才华的炫丽舞台

校刊，它真实记录了学生在校学习的美好时光，激励着学生树立人生的远大理想。在这里，尺寸之地竟成为了学生实践所学、展示才华、挥洒青春的平台。看那校刊上的一篇篇日记、作文，不管是来自低年级孩子百来字的小品，还是来自中高年级同学上千字的大作，所描绘的无疑都是学生眼中的生活和心中的情感，或喜或忧，或成或败。

通过一篇篇文章我们不仅能读到学生优美的文笔和华丽的辞藻，更能看到学生心中的那份纯真和他们成长的足迹。校刊！一直在熏陶学生的艺术品位，激励学生的文墨才气，塑造学生的美好心灵！

校刊，校园文化的浓缩和重要载体

校刊，报道学校动态，刊发教师教研文章，登载学生优秀作文，再辅之以精美插图，不仅可以丰富学校办学内涵，还能提升师生综合素质营造积极向上的校园文化。校刊，是校园文化的浓缩和重要载体，它引领着校园文化建设的方向，传承着广大师生开拓进取、锐意创新的精神，有利于激发师生进一步参与校园文化建设的热情和兴趣。

通过丰富的内容和深邃的思想，搭配上雅致的排版和设计，校刊弘扬了学校教学主旋律，宣传了身边人身边事，多角度展示了校园文化的千山万水。

在繁荣校园文化，推动各学科全面发展，提高学生写作水平以及丰富学生第二课堂等方面校刊发挥着越来越重要的作用，日益受到师生们的关注和喜爱。

校刊，是家庭与学校有效沟通的桥梁

目前学校学生的家长，大多出生在上世纪六七十年代，由于历史原因，多数家长文化素养偏低，教育子女观念陈旧，方法简单，有些做法甚至与学校教育背道而驰。校刊可以设立"家长学校"、"家教研究"或"家教平台"等栏目，选登精彩的家教文摘，引导家长学习科学的教子方法和育人经验，转变观念，借鉴成功做法；同时也发表家长撰写的家教文章，交流家教经验，促进家长之间的相互切磋和共同提高。

作为学校一方，通过校刊，一方面可以向家长宣传办学成果，一方面也能从中了解家长心声；作为家长一方，则能通过校刊及时而全面地了解学校各方面工作，进而理解和支持学校工作。

校刊，有益教学、有助师生、反映生活、紧跟时代，它汇聚教改风云，见证师生成长；它弘扬真善美，摒弃假恶丑。同时也起到了教育科研提高学生素质等方面的作用。

学校校刊与生命力的教育

教育是有灵魂的,是生命性的事业。教育的任务就是要让人的整个生命系统充满生机与活力,焕发出蓬勃的创造力。

校刊承载生命力教育

学校文化是学校内在精神的体现,是先进文化的重要源头,是一个学校发展的灵魂。优秀的校园文化可以凝聚人心,展示学校形象,提高学校文明程度。健康、向上、丰富的校园文化对教师、学生的品格形成具有渗透性、持久性和选择性,对于提高师生的人文道德素养、拓宽师生的视野,培养优秀人才有着深远意义。

而校刊是校园文化的精粹,是对外展示的窗口和重要载体,是打造学校优秀品牌的有效平台,也是学校与家长、社会沟通与交流的重要桥梁。不但有助于塑造学校品牌形象,更重要的是增强学校的吸

引力和影响力，促进学校可持续发展。基于此，学校创办校刊，就要以"服务师生、成就师生"为办刊宗旨，要充分体现"生命力教育"的办学理念。

校刊激发学生生命潜能

我们的教育经历了"教师一桶水"和"学生一杯水"的倒水阶段，经过了授之以"渔"而非"鱼"的技能传递阶段，跨入新世纪，新课改向我们提出了关注学生自我成长的要求。

每个学生都有其优点、强项，都有闪光点。这个闪光点，是每个学生不同的生活经验、知识背景和思维方式下的独特个体经验。利用校刊平台，发掘学生自身之长，可以使学生全身心的投入到学习活动中，激发学生自我成长的潜能，使其得到进步与发展。

校刊要充分利用表扬和鼓励这一形式，发现学生的长处，让学生不断地获得进步；校刊要设立相关栏目，刊登学生发表的作文，让更多的学生看到作文发表其实大家都可以做得到；让作文水平一般的学生体验到成功的欲望和快乐……

基于此，校刊编辑部拓宽工作思路，扩大工作范围，围绕校刊文化进行的文学社、小记者站、校园广播、画廊、演讲朗诵比赛、征文、写作指导、文学讲座、手抄报评比、黑板报评比等活动如火如荼地开展，文化育人力量开始渗透到学校教育教学的每一个细节，推动学校内涵发展、特色发展，让素质教育不断走向深入。

校刊引领教师专业成长

"生命力教育"理念认为：有生命力的教师是指有激情、爱学生、善钻研的活力教师。"有激情"要求教师对教育充满理想，敢于创新，不断追求卓越，热爱生活；"爱学生"要求教师多赏识多激励多对话，特别是对待学困生，要以视生如子的情怀转化学困生；"善学习"要求教师学而不厌，多读书，常反思，勤实践。

在创建教育现代化的进程中,学校要着力推进"生命力教育"理念的落实,提出"学名师,仿名师,做名师"的"名师工程三步走"战略,扎实开展"四课五研究"教研活动,这其间,校刊承载着"引领教师专业成长"的重任。

1.捕捉教师亮点,推荐教师看点

"师德建设"栏目,使成长中的教师阳光起来;"名师访谈"栏目,让榜样标杆竖立起来;"教坛杏语"栏目,将初露锋芒者被推向前台;"教海拾贝"栏目,让点滴经验汇聚成智慧的海洋。

引领教师专业成长,一个很重要的方面就是要大力宣传和张扬教师中的先进人物、先进事迹,使先进人物站在阳光下,体验应有成就感和自豪感;同时也使广大教师学有榜样、赶有方向。校刊集中报道在县区级以上教学大赛和说课比赛中获奖的青年教师,记述他们的人

生追求和成长经历，激励他们向着更高的目标努力，催促他们尽快成长为研究型、学术型教师。同时，也是通过如此特定的方式，解读教师发展的现实意义和长远意义，使"我与学校共发展"的思想深入人心，营造教师主动发展的舆论氛围。

2.构筑交流平台，引领专业成长

校刊确实需要坚持质量，她毕竟是教师自己的杂志，因而我们十分鼓励"丑小鸭嬉水"。引领教师专业成长，校刊"偏爱"年轻人。创刊起初，我们为没有稿子犯愁；而今，我们又为"忍痛割爱"犯愁。

对待稿件我们要坚持：长篇力作——删！老作者——让！唯独"处女作"——保！呵护青年之热情，就是呵护青年之成长。校刊更应当将全面培养教师的教科研意识和论文写作水平视为己任，针对普遍存在的"做了不会说，说了不到位，写出来比较空"的现象，校刊编辑部要采取多种方式给予培训指导，请校内外专家作专题讲座，鼓励不敢动笔的，指导不会整合的。从如何选题到如何对素材进行加工处理；甚至组织有关人员与他们面对面修改文稿，较快地提高他们的写作水平。

学校校刊创办的具体方案

校刊名称

《XXX》

校刊宗旨

校刊坚持以理性的思想指导人，以精辟的言辞激发人，以资深的文采感染人，以全面的服务关心人。立足于我校广大师生，开阔视野，陶冶情操，扩散思维，面向未来的办刊原则。宣传学校办学特色及办学理念，汇集师生教育教学成果，立足校内，展现师生风采，弘扬校园文化精神，构建蓬勃向上的校园生态文化，促进学校教育教学的发展，打造学校经典品牌。

编委会

成员待定

稿件来源

1.自由撰稿

编辑部根据校刊规划，向全校师生征稿，个人可根据栏目进行自由投稿。

规定：学生可自由撰稿；教师每人每期必须撰稿一篇以上。

2.约稿

编辑部根据校刊规划，向部分教职工根据专栏需要进行约稿。

3.特约稿件

根据需要，向有关上级领导、有关专业人士、有关校外人士约稿或学校领导的特别稿件。

栏目设想

1.扉页

2.卷首语

3.刊首寄语

4.摘录

5.学院管理

学院管理包含了学院党、政、工各部门的计划，总结，制度，规范，领导重要讲话等。学院各系部现行实施的有效管理策略、创新方法，学院即将实践的管理策略和创新方法。学院即将实践的管理策略和创新方法。

6.校园动态

整合近期我校的重大活动，并且预告下一步的活动序幕，让同学们及时了解学校的最新动态，激发同学们参与活动的积极性。

主要专栏：校园新迹象、校园快车。

7.课程改革

（1）课题研究。我校历年已结题的优秀课题系列选登；我校各系部的精品课程系列选登。

（2）案例反思。优秀教育案例和教学设计。

8.德育园地

（1）班主任视窗。班主任在班级管理中总结的经典管理经验和管理心得；各教研组德育工作方法、成果等。

（2）心灵花园。针对目前教师中普遍存在的心理问题的分析、指导；针对目前辅导老师中出现的个别心理问题分析、疏导；针对中小

学生年龄段特点的心理分析的一些文章。包括对教师、学生身体，心理健康知识普及方面的文章。

9.文苑漫步

滋养心灵净土，倾听肺腑心声。提高文学鉴赏力。精选一些优秀作品，包括散文、诗歌、杂谈、小说、学生优秀作文等各种体裁，激发广大师生们的创作灵感。

主要专栏：美文集锦、诗词艺园、小说译站、散文天地。

10.社会关注

主要刊登国内国际重大新闻，扩大同学们的信息量，立足省市和国内，放眼世界。

主要专栏：一句话新闻、特别报道、热点关注。

11.互动站台

搭建学生和老师沟通的平台，对同学的疑难问题，老师尽可能作详细的答复，拉近距离，携手共进。

主要专栏：心灵会客厅、生活你我他。

12.休闲时光

释放压抑的情怀，展示真实的自我。刊登一些诙谐幽默的小故事，以及生活常识、体育特色等供同学们消遣的内容，携着愉悦的心情向快乐出发。

主要专栏：幽默天地、体坛之音、生活常识。

13.名人轶事

每期选取一个或几个历史人物生平的典型事迹，发人深省，塑造自我，完美人生。

14.书画艺苑

刊发领导、教师、学生的优秀文章以及师生书法、摄影作品和学生电脑绘画及美术作品。

15.他山之石

由编委会视实际情况刊发其他学校校刊值得借鉴的宝贵经验。

校刊编辑工作的组织领导

组织架构

实行编委会领导下的主编负责制。

在现有编委会基础上,增设编辑部。编辑部设主任及副主任各一人,编辑2至3名。

根据刊物发展需要,可聘请特约编辑。

责任分工

1.主编、副主编

确定各期的主要选题及栏目设置。

审改重点稿件,终审、签发稿件,对每期所有内容的政治方向、理论观点负责。

不定期主持召开编辑会议,及时总结办刊经验,不断改革创新,确保办刊质量稳定提升。

负责重要稿件的预约修改,并起草本刊评论或编辑部的重要文章,全面负责编辑工作。

2.编辑部主任、副主任

主持编辑部日常工作;审阅编辑拟用稿件,提出具体编排意见,交主编审定。

制定每期的具体编辑计划。

掌握工作进度,做好稿件运转程序的协调。

负责编辑、通联工作；编排目录；负责写稿约及编辑部一般文章。负责栏目责任编辑与每期责任编辑的调整安排；负责发行工作安排和审定稿酬标准。

负责每期整体美术效果及封面，内文标题、尾花、插画、图片、照片、广告的布局设计、约稿等；负责校内外有关重大活动的摄影和图片、照片、美术作品的征集工作。

3.责任编辑

负责相应栏目的约稿、组稿及编辑工作。初审稿件，提出稿件处理意见。对相应栏目审定稿的内容、文字作进一步修改。在规定时间内完成相应栏目稿件的修改任务，交编辑部主任统稿编目。

发稿后，负责相应栏目稿件的校对工作。本期执行编辑同时负责本期内容，封页、版式等的统筹安排和设计。负责各环节的衔接，时间安排和本期版式画样。

学校校刊编辑出版的流程

召开组稿会

出刊前一个月左右,编辑部召开组稿会。组稿会前,校刊主编或编辑部主任提出主要选题内容初步构想,并形成《选题及说明》;组稿会旨在对校刊专题和内容进行详细讨论及具体落实,就拟定的专题进行交流和讨论,细化各专题的侧重点,并分配各自组稿任务,确定责任编辑等相关事宜。

下发征稿通知

征稿通知将于组稿会后印发到学校各科室,向全校公开征稿。征稿通知的主要内容为拟征稿的专题和推荐研究、写作的领域,征稿截止日期在出刊日前一个月左右。

编辑和校对

编辑过程中一切以规范为准,留意权威官方的规范更新与修改,学习研究国家标准,以保持编辑工作规范的正确性以及时效性。编辑在征稿流程中进一步明确并强调稿件要求,对原稿件的规范性进行严格把关。收齐稿件后,由编辑统一格式,并就文章内容等方面的问题直接与作者联系。

编辑责任划分如下:封面由主编和编辑部主任负责;目录、页码、页眉、脚注等正文以外的问题,由专职编辑负责;正文部分由当篇文章的责任编辑负责。

编辑前先以学习的态度通读全文，理顺作者的写作逻辑。之后再开始校对，每一次校对中，每一篇文章至少阅读三遍，其中，前两遍自己独立完成，第三遍可以与其他编辑互换、互助完成。

1.一校

主要任务是保证原始稿件样稿质量符合校刊的基本要求，在具体工作过程中主要进行字词、语法、表述规范化方面的修改，重点关注全文的逻辑关系、过渡段落是否合理自然、各级标题的标号是否规范、检查出处来源是否正确、检查数据是否正确。

2.二校

以排版公司印送的纸质版为基础。主要任务是进一步修正文章的语言表达问题，对词组搭配不当、病句错句进行修改订正。注意保留作者的写作风格，把握修改尺度，以保持文章的个性化特征。

提高文字规范性及内容准确性，尤其是政治方面的固定搭配和表述要准确，以官方说法为准。重点调整格式，使样稿基本符合出刊要求。将校对结果在样刊上进一步修订并打印一份送主编审阅，最后结合主编的修改意见，综合两份修改结果，修正编辑过程中的纰漏。

3.三校

以纸质版为基础，用铅笔进行校对修改。责任编辑在页首用铅笔签名，以便明晰责任，三校主要对封面、目录、标题、格式、页码、页眉、页脚和书脊等进行一一校对，同时着重细节问题，修改每篇正

文出现的错别字、各级标题的格式、标点符号、脚注、图表等方面的错误，使样稿趋于成熟。

重点关注美观问题，比如：单行如果只有一两个字的可以上缩；文章结尾部分若占当页页面一半以下，则需对文章进行修改，同时要注意各部分文字间隙是否过于紧密或松散；正标题字数不超过20字，若字数过多，酌情添加副标题；避免使用不常见的缩略词、首字母缩写字、字符、代号和公式等。将三校的结果由印刷单位打印成稿，交上级领导即编委会主任审阅。

4.四校

纸质版操作，结合主管领导批示，重点注意页眉、页码、标题、作者简介、责任编辑、目录、封面，以及版式规范性，并对校刊整体进行最后的文字纠错，尤其注意是否出现了多余的空格或其他版式错误，最大限度减少差错。

将四校的结果送到排版公司终稿上修改确定后，主编在打印稿上签字，标出印数。开始出片印刷，一般要求印刷厂在出片后一周内将印好的校刊送到理研科。

正式出刊和分送及存档

及时更新邮送名单，提前做好贴条。校刊一旦送到，即刻分送给校内各科室，同时寄送校外相关单位、部门。联系当期发表文章的作者，邮寄校刊和稿费。同时存档200份以上，留作合订本及其他用途。

对出片进行word格式的转换，由印刷单位完成。一篇文章存为一个word文档，要求标出作者的联系方式。

召开评刊会

校刊正式出版一周后，召开由编委会成员，编辑部全体人员参加及各科室负责人参加的评刊会，总结经验，查找不足，以利于不断改进办刊质量。

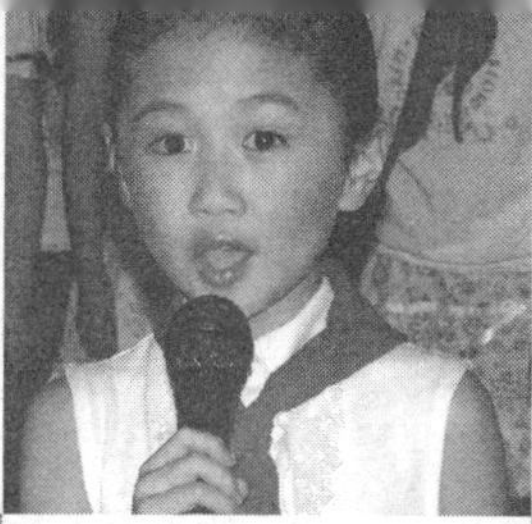

04. 学校广播站的建设指导

校园广播站的建设策略

校园广播站的建设影响深、任务重,需要在实践中不断完善。应该在平时的广播中或用多种方式,使同学们明确广播站的指导思想是为了适应教育发展的趋势,满足教育改革、校园文化建设和学生成长成才的需要,明确校园广播站的一些功能。

广播站的功能

1.德育功能

校园广播站作为学校的宣传机构,必须首先遵循学校的指导思想,办学方针,做好学校的喉舌。学校广播站要把握好舆论的导向,开展相应的版块,才能有效地协助德育部门开展教育。

（1）新闻节目。包括早间新闻联播、《一周新闻回顾》，使同学们了解国内外重要时事，进而关心国家大事，激发爱国热情。

（2）文学天地。包括《校园文摘》、《精文阁》、《好书解码》，目的是激发同学业们的学习热情。

（3）心理教育。包括《心灵窗口》、《校园闪光点》、《为人处世》，引导同学们增强心理素质，学会做人。

（4）知识窗。包括《海外校园》、《快乐之旅》、《名人逸事》、《生活小常识》、《生活时尚》，目的是增长同学们的见闻。

（5）自我天地。包括《青苹果剧场》、《圆梦天地》，目的是使同学们学会创造。通过这些形式多样的节目，发展同学们的爱好兴趣，潜移默化地教育学生爱国守法、明礼诚信、勤俭自强、敬业奉献、团结友爱，使他们学会做人、学会求知、学会生活、学会创造。

2.促学功能

广播站的工作岗位，是促进学生成长进步的阵地。广播员是经过考试、面试而脱颖而出的具有一定广播能力的同学，但是要连续被录用，他们必须不断完善自己、充实自己、丰富自己，增强自己的口头表达能力、普通话水平、写作能力、思维能力。

广播站的节目覆盖了学生生活的方方面面，知识性强，各种形式的节目引导同学们积极投稿，促使同学们博览群书，勤于动笔，开阔了他们的视野，丰富了他们的知识，调动了他们的学习积极性，很多同学也由此成长起来了。

3.服务功能

广播站负责播放广播体操和眼保健操的口令；传递学校的通知以及学生会各部门的会议通知；通过播放一些轻松愉快的乐曲，使广大师生在紧张的教学之余得到放松；为广大师生传情达意、加强沟通等等，都体现了广播站的服务功能。

以上三个功能，德育功能是最重要的。学生明确了广播站的各项功能，以及这些功能的主次位置，有利于全体同学正确认识广播站，并充分利用这个阵地，自觉锻炼成长。

具体工作制度

1.招聘制度

为了保证学校广播站的播音质量，要求广播员必须具备良好的素质。因此，对凡是报名当广播员的同学进行严格的考试，主要是口试，由语文科组协助考查他们的普通话水平、口头表达能力、应变能力等。

招聘的时间一般在新学年的第一学期中段考试前后。能够通过口试的同学名额一般为15个，试用期为一个月，一个月后择优录用10个同学为正式广播员，任期为一年，一年之后，按照广播员在思想品德、工作作风、学习情况、工作实效等决定是否对其续聘。

2.日常播音制度

校广播站每天开播四次，分别是早上6：45～7：10，11：20～11：45，中午1：45～2：15，下午5：05～5：35。广播员要做到：认真做好备播工作，依时值日，不做其他与广播无关的事、采用普通话播音，值日的广播员当天要搞好广播室的清洁卫生，保管好学校的广播器材等。

3.例会制度

广播站每个星期召开两三次会议。星期三早读时间为学习会议，主要是学习普通话、广播技巧、朗读等，由每个广播员轮流辅导。星期五早读时间召开工作会议，总结一周以来的工作情况，指出值得提倡的或做得不够的地方，讨论改善的方法，发表个人的意见等。例会制度是提高广播员的业务素质，广播员进行自治、自理、自我完善的有效途径。

4.评优制度

为了充分调动广播员的积极性，在每一个学期都进行评选优秀广播员并由学校予以表彰，鼓励。优秀广播员名额一般为4个，评选的条件是根据广播员的工作表现，思想表现、学习表现等。这项制度在一定程度上激励、鞭策着同学们不断进取。

未来发展思路

1.改进硬件设施

目前学校要想收到更好的效果，必须积极创造条件改善硬件设施，只有优良的设备，才能令更多的同学关注广播站，使学校的宣传深入人心。

2.培养广播员的素质

在广播员的培训上要不断增加广度和深度；每学期至少举行一次大型的活动，如与外校广播站进行工作经验交流，组织参观访问电台、电视台，组织普通话比赛、朗诵比赛等。一支优秀的广播员队伍构成了校园广播站的"软件"，具备了良好的硬件和软件，广播站的面貌才会永葆活力。

3.调整完善功能

适时调整节目，继续完善学校喉舌的功能，保持一贯地支持、协助学校的德育工作。实践证明，中学校园广播站在我校学生社团工作中扮演越来越重要的角色，在学生生活中也占据了越来越重要的位置，日益成为德育部门进行宣传教育、发挥学生主观能动性的有效的载体。

在今后的工作中，我们还要继续不断地摸索，借鉴先进的管理模式，把严格要求和大胆放手紧密地结合起来，不断促进我校广播站的健康发展。

校园广播站的特点与作用

校园广播的特点

校园广播既不像板报那样能够用美观新颖的版面来吸引读者,又不像讲演者那样能用表情和手势来加强表达的力量;它唯一的手段就是有声的语言。

必须保证听众思路的贯通,有声语言是稍纵即逝的,如果某句话、某个词语听众不懂或听不清,就会造成听众思路中的"空白段",影响听众的情绪,特别是在关键的地方,如果出现了这种情况,对宣传的效果就十分不利。

校园广播的作用

校园广播是最早出现的校园媒体形式之一,是中小学校的舆论宣传阵地。随着时代的发展,校园广播这一舆论工具逐渐受到新媒体的冲击。在电视、网络等现代传媒日益丰富的今天,广播仍然是校园里不

可缺少的一道风景线，受到师生的欢迎。

1.校园广播具有舆论引导作用

学校正确引导舆论对于加强学生的人生观、世界观教育具有积极的作用，关系着学校的人才培养质量，也关系着和谐校园的建设和发展，校园媒体要担当起营造良好舆论氛围的重要责任。

学校广播通过宣传党的基本理论、基本路线和基本纲领以及学校的重要决策，从而引导校园舆论的方向，拓宽对学生进行思想政治工作和德育工作的途径。

2.校园广播具有传播信息的作用

校园广播是校园媒体中最早出现的媒介形式之一，是校园宣传的主阵地和精神文明建设的窗口。校园广播具有针对性强、信息传播量大、传播速度快的优势，能够达到愉悦身心和增长见识的良好结合。

校园广播是传递信息的纽带，情感沟通的驿站。除了及时准确地传达党和国家的相关方针政策、学校的制度法规，还报道学校在科研、教学、社会服务及学生学习生活等方面的信息。此外，在遇到突发事件时，如当火灾或其他突发紧急事件发生时，能够优先插入报警信号，及时、准确、可靠地播放报警信号。

3.校园广播具有营造校园文化的作用

校园广播除了具备舆论引导、传递信息的功能外，还具备对师生进行文化熏陶、情操陶冶、丰富课余文化生活的功能。高校校园文化建设的意义就在于营造一种良好的精神环境与文化氛围，积极地影响、熏陶、启迪师生员工对人生真谛的追求、对未来事业的向往。校园广播通过办好广播节目来实现它对校园文化建设的贡献，为学校营造良好的校园精神环境与文化氛围。

校园广播站的管理规定

组织纪律

凡广播站成员应遵守学校的相关规章制度及广播站内部的管理制度。广播站成员必须以认真负责的态度主动做好本职工作，无特殊情况不得私自调动。

广播站会议无论大小，全体成员必须按时出席，有特殊原因者，需提前请假。无故缺席者第一次给予批评，第二次给予警告提醒，第三次给予解聘。

因特殊原因，工作和上课发生冲突时，必须提前向站长请假。但禁止利用广播站之名处理私事，如有违反者视情节轻重，第一次给予批评教育，三次及三次以上者给予解聘。

若有特殊原因不能按时播出节目的，需提前向站长请假，并作好节目安排。

望能听从指挥，顾全大局；并能灵活熟练地运用原则和程序以解决突发事件。

注意事项

注意安全用电，消除安全隐患。

准时上岗开播，保证播音质量。

管好音像制品，防止丢失损害。

播音员要尽职尽责，执行操作规程，遵守广播站工作制度。

无关人员不得进入播音室。

设备管理

广播站工作人员必须爱护各种设备，录音带、CD碟等。非工作需要，未经站长批准不得使用播音器材。

不得随意带非广播站人员进入广播站，录音带、CD碟不得外借。

广播室内严禁明火、堆放个人物品，严禁从事违反社会公德和国家法律的行为，保持干净、卫生。

奖罚评定

每学年评定一次优秀人员；对不遵守纪律、不专心工作，经警告无效者，依制度解除其职务。广播站内部的各种考勤情况作为期末评优的考核条件之一。

工作职责

广播站里各部门应保持联系，提出存在问题，总结、积累经验，提出解决问题的方法；站长、部门负责人经常与学校各部门联系，及时获取信息，集中各部门布置各项工作。

1.站长工作职责

广播站钥匙由主要负责人携带，不得外借他人或私自配用；广播站主要负责人做好站内全面管理和服务工作，及时掌握工作情况，定期进行分析总结和上报；广播站主要负责人对本站

不负责任的站员可以对其做思想工作,如屡教不该的,主要负责人可以申请换人;广播站主要负责人应在每学期初和学期末分别制订工作计划和撰写工作总结报告。

站长定期检查器械的使用状况,及时掌握站内情况;站长负责本站全体成员的业务提高和业务培训工作,定期组织学习并开展活动;站长负责每学年的优秀站员评选工作并上报指导老师。

2.播音员工作职责及要求

播音员要普通话标准、热情、亲切、大方,有责任心;播音员具有一定的语言组织能力和文字功底。根据栏目、内容形式的不同,播音员要以不同的方式传达给听众;播音员必须在播音前一天左右熟悉节目内容并在开播前十分钟进入播音室,不能按时到位事先要向站长报告,安排人替补。

爱护广播站设备和用品,不得利用广播站设备转录磁带;不得私自挪用和占有;不得转借他人,违反规定,除追回原物或索赔外,还将追究当事人的责任。

保持播音室的安静、整洁,非工作人员不得进入播音室,每次播音完后要将仪器关闭,整理好碟片、磁带等,并写好工作日志。未经编辑处理的稿件,播音员不得擅自播出。实行播出签字制度。

3.记者工作职责及要求

记者应具有敏锐的洞察力,给广播室提供资料线索,新闻稿件等,不影响广播室的正常运作,可在学校进行采访报道;记者应具有一定语言文字组织能力和写作能力,按时、按量、按质提供稿件。稿件要统一用稿纸书写,字迹要端正。

4.编辑工作职责及要求

编辑应具有一定的新闻敏锐性,在编辑稿件时,绝对防止出现政治错误,重要的广播稿件须经校团委同意方能播出,如出现上述错

误，视情况进行处理。

编辑采用稿件必须始终把质量摆在第一位，严禁徇私舞弊，编辑在编排节目时，应把握以下四个标准：选材是否精当；格调是否高雅；准备是否充分；节目是否口语化；编辑必须提前将编本送到站长或副站长审查。在栏目播出时，该栏目编辑须到播音室写好工作日志。

工作制度

校园广播是学校对广大师生进行宣传、教育的重要手段，是学校开展社会主义精神文明建设的重要阵地。因此，必须始终不渝的坚持正确的舆论导向，必须坚决服从校团委的领导，在团委宣传部的直接管理下开展各项工作。

1.广播站站长负责制

广播站实行站长负责制，设正、副站长各一名，从播音员中进行选拔，由责任心强、业务水平高且具备一定管理能力的男女同学各一名担任，在主管老师的领导下开展工作。站长全面负责广播站内部各项工作。

主要负责隔周主持召开例会，对各小组播音情况进行总结；负责对播音员的日常工作进行量化考核；并负责向主管老师及时汇报广播站近期的工作情况。重大事务由站长召集广播站全体播音员以及其他干事召开播音员联席会议，经协商后报主管老师，待同意后执行。

播音质量是校园广播站赖以生存和发展的重要基础，全体播音员应齐心协力、勇于创新、努力提高自己的节目质量。如果自办节目的整体水平徘徊不前，要追究主管组长的责任，如若短期内仍然不能打开新局面，推动广播站各项工作向前发展，则要解聘其组长职务。副站长每天必须值班，检查当天节目的前期准备工作和播音情况。

2.广播站五天工作制

广播站实行每周五天工作制，即在正常情况下，每周一中午和周

五中午进行播音。自办节目播出时间为中午12：10开始，节目的时间由各组长自行安排，但每期不少于25分钟。

3.播音组推行组长负责制

播音组实行组长负责制，各节目组组长负责播音稿的前期审核工作，并把播音稿提前一天交给站或副站长审核。组长由站长从播音员中选拔成绩优秀、认真负责、业务水平高且具有一定管理能力的同学担任。

组长在主管老师和站长的领导下，带领播音组其他成员开展工作。组长应依据本组节目特色，开拓进取，制定节目计划，交站长审核。组长对本组节目全权负责，若因组长管理不善导致节目质量下降或发生重大播音事故，要追究组长责任，并予以解聘。

播音员要时刻注重自身修养，爱岗敬业，克己奉公，勤学不辍，勇于创新，以期在校有限的学习时光里使自己的人格得以升华，能力得以提高。

播音员首先要以学业为重，争取在本专业学习中取得优异成绩。若因承担播音工作而导致成绩下降或出现所学课程不及格时，广播站要予以劝退。播音员在平时还要认真收听广播节目，学习播音技巧，博览群书，丰富学识，拓宽视野，活跃思维，养成"勤动口、勤动手、勤动脑"的良好学习习惯。每月应完成不少于五百字的个人作品一篇交付站长，由站长审核，并选取优秀作品收录在校园网站上，作品的完成质量将直接与个人考核挂钩。

所有播音员都要自觉遵守学校各项规章制度，规范个人言行，爱护公物，注重个人形象。同时，必须严格遵守站内设备的操作使用规程，实行规范化操作。如果设备出现异常，应果断采取措施，并及时通知站长或主管老师，经检查，确认无误后，方可重新使用。播音员无权向外租借站内任何物品。如因玩忽职守造成设备重大损失者，将追究其经济责任。

4.严格履行作息制度

播音员必须严格履行作息制度，正常情况下，当天节目的播音员应在中午12：00以前到达广播站，着手节目的前期准备工作。12：10节目必须准时开播。

播音结束后，播音员要规范关闭设备，断开电源，认真填写当天的播音日志，整理好磁带、CD及各自的播音稿，并保持周边环境整洁，关好灯和门窗后才可离开。

5.严格履行请假制度

播音员应该严格履行请假制度，原则上避免请假，如确有必要，应及时向站长请假，并要做好当天节目的交接工作，避免一人请假，节目停播的重大事故。如造成此类事故，则计该播音员重大播音事故一次、缺岗一次。一学期，累计请假不得超过三次。

坚决杜绝迟到、早退现象。一学期中，累计迟到、早退达三次者，予以解聘；凡无故不来播音者，予以解聘。因准备不充分而导致播音质量低劣者，视为重大播音事故，个人累计重大播音事故达两次者，予以解聘。缺岗及造成重大播音事故者，不得参加年度评优。

播音员不得带其他同学进入播音室。播音期间，谢绝一切来访，点歌的同学不得进入主播音室。对一学期被连续三次警告的播音员和播音小组，全员解聘。

每位播音员都要积极参加站内的各项集体活动，站长负责播音员个人档案的建立工作，该档案将记录播音员在校园广播站工作期间各方面的表现。

广播站于每年年终开展评优活动，届时将评选"优秀播音员"若干名，"优秀播音小组"一组，颁发荣誉证书。

校园广播的思想政治教育

学校担负着培养社会主义建设者和接班人的重任,学生思想政治教育在学校工作中处于核心和首要位置。因此,各级各类学校应当通过多种途径,采取各种策略实施对学生的思想政治教育。

在学校校报、网络、期刊、广播、宣传栏等众多学校媒体工具中,校园广播是学校重要的舆论宣传阵地,在传播媒介、传播时效性,以及传播时间、信息针对性等方面具有独特的传播学优势,宣传党的方针、政策,传递校园信息、丰富校园文化、浓郁学生学习氛

围,尤其在学生思想政治教育方面发挥着重要的功能,呈现出其独特的优势。

当前时期,深入研究学校校园广播的思想政治教育功能和优势,积极寻求实现思想政治教育功能最大化的途径和策略,具有重要的理论价值和现实意义。

校园广播在学生思想政治教育功能中的优势

在学校这个特定的环境中,从媒体传播的角度来看,校园广播的自身特质,决定了其在学生思想政治教育中呈现出独特的优势,发挥着重要的育人功能。

1.传播媒介上的优势

学校校园广播是以声音作为传播媒介,学生从广播中获取信息途径与利用网络、图书、报刊等媒介相比,可以不受上网条件、阅览地点等诸多限制。

在学生的课余时间无论在室内外收听,都能够利用校园有线室外音柱,或通过无线调频方式接听声音信号,都可以获得信号强、效率高的信接受效果,使广播成为广大学生及时、快速得到信息的最佳渠道;同时广播声音信息的单向传播方式,实质是对学生的一种持续信息灌输,将对学生在思想、理念形成潜移默化的影响。

2.时效性强的优势

当前社会热点多,各种复杂信息叠出,而学校校园广播内容编排简便,调整、变化、播出的节律快,可以实时、快捷地将社会新事件、新信息通过广播进行传递,使学生能够及时的通过学校渠道获取社会实事新闻信息。

而且校园广播具有人为即时控制的特点,所以校园广播在传播动态信息,反映社会生活方面具有很强的优势,可以有效地为对广大学生进行形势政策的宣传,有利于学校开展针对性的学生思想政治教育。

3.填补学生休闲时间的优势

学生思想政治教育不能仅仅限于正常教育教学范围内的理论课灌输和学校组织的活动,要取得良好的思想政治教育效果,必须深入学生的实际,深入学生的生活,尤其要充分利用学生的休闲时间,从提升学生的生活品质、精神追求等方面,加强对学生的生活教育、人格教育,促进学生社会化的良好发展等方面,促进学生思想的成熟。

而校园广播可以深入学生的休闲生活,可以有效地填充学生的散步、运动、用餐、洗衣等休闲时间,进行思想渗透和舆论宣传。可以选择紧贴学生实际、内容丰富,赋有生活情趣的节目,有效地增加学生业余生活色彩,增添学生的生活乐趣,增加对学生吸引力,以此陶冶学生的情操,施加思想政治教育的影响。

4.编辑群体上的优势

学校的校园广播一般隶属于学校的宣传部门或学生思想政治教育部门,其广播节目直接接受有关部门的领导和具体管理,可以有效地传递学校思想政治教育的意图。并且学校校园广播的节目编排、录制以学生为主。学生思想活泼,思维敏捷,可以及时、快速地针对学生的所想、所思安排播出不同内容,使校园广播可以充分满足学生获取学习、生活、社会活动等信息需求,最容易引起学生的情感共鸣,对学生的生活理念和价值判断产生深刻的影响。

5.传播信息针对性强的优势

学生由于自身年龄特点和社会角色,具有自身特点的信息需求特点。当前的网络、电视、报刊等大众公共媒体信息优劣掺杂,存在对学生针对性不强的缺陷,使学生在上述媒体信息接收处于盲目状态,思想政治教育导向较弱。

而校园广播可以有针对性地按照学生需求特点安排宣传内容,使校园广播表现出较强的思想政治教育的方向性、针对性,有利于提高学生思想政治教育的效果。

校园广播在学生思想政治教育中的功能

校园广播作为学校的重要媒体，作为学校重要的舆论宣传阵地，它具有的传播学优势决定了其在思想政治教育中，在引导、教育学生坚持正确的思想政治方向，树立正确的人生观、价值观，提升学生思想政治素养等方面发挥具有重要的价值，发挥着重要的功能。

1.弘扬时代精神，激励学生奋发有为

当前，经济社会全球化、一体化进程加快，多元文化冲击，多种思潮激荡、多种社会价值并存，不可避免对校园也产生一定的冲击。作为正处于求知欲望强烈、思想活跃、感受力强的学生群体来说，其环境信息变化无疑对学生有着重大影响。

在这种形势下，加强对学生日常的宣传、教育，尤其是发挥学校

舆论宣传工具的功能，显得尤为重要。校园广播作为学校重要舆论宣传阵地，可以以丰富多彩的广播节目来传达党的声音，宣传国家改革开放与发展的形式，具有弘扬时代旋律，宣扬爱国爱校，鼓励学生立志成才的重要作用，尤其可以用生动的事例、先进典型，高扬社会正气，凝聚青年信心，鼓舞学生士气，催进学生奋发有为，追求真知，求实创新，在提升学生全面素质等方面发挥着重要作用。

2.提倡高雅文化，丰富学生精神情趣

校园文化环境直接影响着学生的文化素养、精神追求和思想政治观念。在当前时期，在外来文化多重冲击的压力下，作为学校舆论宣传阵地，应当以传承我国民族传统文化和现代文明成果为己任，在学生中大力传播高雅文化，引导学生追求审美，养成健康有益的情趣，努力在广大学生中大力传播勤俭节约、文明交往、礼让为先、互助友爱、有序和谐的倡导社会主义道德风尚。

3.关注热点问题，化解学生矛盾问题

当前我国正处于经济和社会格局调整时期，各种社会利益竞争，很多社会矛盾凸现，很多问题为社会所关注。对于正处于社会价值观尚未成熟的学生来说，对社会上一些难点、热点问题的认识，存在很多困惑和迷茫。

因此，作为学校应当充分利用校园广播的宣传阵地，应当精心选择材料，开展有针对性的舆论宣传工作，以澄清模糊认识，解除学生困惑，使广大学生正确看待在当前社会中存在的一些社会矛盾和问题，增强其发展的信息。

在这个时期，校园广播尤其应针对学生自身需求，及时关注影响和制约学生生活、学习、工作方面的困惑和问题，抓住其主要矛盾，坚持正面宣。

发挥校园广播的优势促进学生思想政治教育

校园广播在学校宣传和学生思想政治教育中的占据重要地位，在学生思想政治教育中占据重要优势，当前时期，应当重视和加强校园广播建设与发展，实施正确的校园广播传播策略，促进思想政治教育功能的最大化。

1.加强校园广播建设，提升广播水平

学校应当从政治高度重视校园广播的建设，加强资金和技术投入，尤其要加强校园广播的领导组织建设，应当充分适应科技发展的优势，提高广播技术装备水平，实现自动化控制，提高音频信号质量，同时应积极扩大校园广播的影响力，开展注重对播音人员的选拔和培训，提高节目编排质量和播出质量。

2.密切结合学校实际反映学校动态

校园广播要紧贴学生实际，不但要反映学生生活，还要积极为学生播出一些他们关注的难点、热点问题。校园广播应当注重围绕学校工作、学生的实际需求，就学生关注的焦点问题进行专题制作、专题播出，及时准确地为学生提供有价值的服务，使学生产生思想和情感的共鸣；应多关注学校学生中的特殊群体的生活，关心他们的学习、生活、心理、情感、交友等方面的问题，积极为他们解疑释惑，提供爱心的服务与帮助。

3.与学生听众互动，提升校园广播影响力

学校广播面对的学生群体思想活跃，创新火花迸发，要在增强广播的影响力上下功夫，有意识地设置一些活动栏目，就与学生发展有关的问题与学生进行互动交流，如邀请学生嘉宾，或展开知识问答，或开辟听众热线，激发广大同学关注社会、关心学校的参与热情，使收听校园广播成为同学们学生生活的重要内容。

学校广播站的新闻写作

新闻的种类及特点

狭义的新闻又称"消息",有关词典为它下的定义是:最广泛使用的一种新闻体裁。在形式上,它有明确的导语和标题;在写法上,通常采用倒叙法,先用极简要的几句话说明全文的目的或结论,以唤起读者的注意,使读者脑子里先得到一个总概念,不得不继续看下去。

1.新闻的种类

新闻的分类有不同的标准。按其性质分,有政治新闻、经济新闻、科技新闻、军事新闻、社会新闻等;按发生地区和范围分,有国

际新闻、国内新闻、校内新闻等；按内容和形式则可分为动态新闻、综合新闻、典型新闻等。我们根据一般的方法，将新闻分为以下几类：

（1）动态新闻。这是报纸、通讯社、电视台使用最多的一种新闻体裁，是对国内外重大事件和社会生活中的新情况、新变化、新成就、新动向的报道。这类消息的显著特点是篇幅短小，时效性极强。

（2）综合新闻。又叫综合消息，它是反映带有全局性综合情况、动向、成就和问题的消息报道，常常把不同行业、不同地区的活动和事例，围绕同一个中心概括起来加以报道。

（3）典型报道。又称经验消息，它是对学校某个部门、地区或单位在执行党的路线、方针、政策中所取得的新经验的报道。通过典型报道，可以带动全局。

（4）新闻述评。又称评述消息，它是介于消息和评论之间的一种新闻体裁，兼有消息和评论两种作用。它常常是在事件告一段落或发生转折时及时地加以报导和介绍，在述说事实的同时，分析形势，研究动向，指出发展趋势等。

（5）特写新闻。这是一种特定的手法即采用放大和再现的电影近镜头手法去描写新闻事件和新闻人物的消息报道。特写新闻往往抓住事实中一两个有意义、有情趣、有影响的要素或片断加以再现和放大，重点写一两个画面，向人们展示事件的一点或一个横剖面。

2.新闻的特点

目的明确，有的放矢。

反映迅速，时效性强。

内容真实，准确无误。

语言精练，篇幅短小。

新闻在形式上以灵巧见长，因而篇幅短小、语言精练简短，一报少则一句话，多不过数百字。

新闻稿的结构形式

一条完整的新闻消息,一般包括标题、导语、主体、背景和结尾五部分。

1.标题

标题是新闻的眉目,是新闻内容的精粹所在。标题是新闻给读者的第一印象。标题别致,旧闻也会增色;反之,新闻也无光彩。

新闻的标题有正题、引题和副题等形式。正题是标题的主体部分之一,一般概括标题的主旨,点明立意之所在。引题和副标题则是介绍背景、烘托气氛,或对正题予以补充。写好新闻标题,需做到:准确,符合新闻内容,鲜明,有鲜明的政治倾向和新闻价值;生动,新鲜活泼,具体形象,最好带点文采,简练,用较少的文字概括和包含较多的新闻内容。

2.导语

导语就是消息的开头,它要求用简明扼要的文字,写出消息中最重要、最新鲜、最精彩的事实,揭示全文的主题思想,以便使读者了解主要内容,并引起读者的阅读兴趣。导语是从事实中提炼出来的精华部分,具有统领全文的作用,因此,有人称之为"消息中的消息"。导语的写法多种多样,常见的有以下几种:

(1)直叙式。就是用最简练的语言,扼要叙写新闻中最主要的事实,给读者以开门见山、直截了当、一目了然的印象。直叙式导语是最基本最常用的写法。

(2)设问式。以设问开始,把新闻消息里所要解决的问题或所要介绍的经验更尖锐、更突出地提到读者面前,以引起人们的关注和深思。设问之后立即用事实做出回答。

(3)描写式。文章一开始就针对消息内容中富有特色的事实或有意义的某一侧面,用简洁的笔调勾出它的形象,从而给读者以鲜明、

深刻的印象。

（4）评论式。新闻的开头就对所报道的事实进行精辟的、画龙点睛式的评论，以揭示事物的性质、特征或作用。

（5）结论式。它把新闻事实的结论或结果，一开始就写出来。

（6）对比式。运用对比或衬托手法，把作者要说的事实和观点鲜明地突出出来。

（7）引用式。引用新闻中主要人物的精辟的语言，点明消息的中心或意义，给人留下深刻的印象。

当然，导语的写法还有其他一些，这里就不一一介绍了。但导语必须以事件为中心，兼顾其他因素。要分清主次，千万不能把许多事实都挤写在导语里。总之，导语要写得具体、肯定、准确、生动活泼。

3.主体

新闻的主体接导语，围绕着立意展开全部内容，圆满地回答导语中提出的问题。主体运用的材料要充实、具体，易有典型意义。新闻中的五要素即时间、地点、人物、事情和原因，都要有所交待。消息的立意要集中，一则新闻只有一个中心，说明一个问题，叙述一件事情。一篇消息的质量如何，关键在于主体部分写得如何。因此，写一篇消息时，主体部分必须着力写好。

主体的结构形式，有时按事情的发展顺序，即时间的先后，一步步进行交待；有时按逻辑顺序，即事情的重要程度安排层次，先讲概貌，后讲细节，先讲主要材料，后讲陪衬材料。

不论用什么方式来写主体部分，都要尽量使得内容充实、层次分明、详略得当。另外，应注意主体与导语的文字不能重复，导语说过的话，主体不要再说。

4.背景材料

背景材料是指新闻中关于历史、原因的说明和环境、气氛的描写。它的作用是说明事情产生的条件、消息的性质和意义。它可以帮助读者理解消息的内容，增加消息的说服力和感染力。背景材料从具体作用上分，有以下几种：

（1）对比性材料。就是对事物进行前后、左右、正反的比照以突出新闻事件的重要意义，或阐明定的主题思想。

（2）说明性材料。介绍新闻事件的历史状况、地理环境、政治背景、发展变化以及其他种种客观条件、主观因素，等等。把新闻事实讲得全面深刻而又恰如其分。

（3）诠释性材料。介绍人物的出身、经历，产品的性能。特点、使用方法以及解释一些专用术语、技术性知识等，以帮助读者理解内容，增长知识。

5.结尾

结尾是消息的最后一句话或一段话。好的结尾能加深读者对主要事实的感受，让读者得到更多的启发和教育。但并不是所有消息都非有结尾不可。如果主体部分已交待清楚，则不必再加，否则会画蛇添足。

学校广播站的通讯写作

通讯是比新闻更详尽、生动的新闻体裁。通讯被誉为报刊的一颗明珠,是报刊、广播常见的一种文体,它比新闻、消息更详细、更生动地报道客观事实和典型人物。

通讯的分类和特点

1.通讯的分类

通讯的种类,依据不同的标准有不同的分法。从篇幅上可以分为长篇通讯和小篇通讯;从形式上可以分为文艺通讯和新闻通讯;从内容上可以分为人物通讯、事件通讯、工作通讯、概貌通讯、主题通讯和新闻故事等。

2.通讯的特点

(1)新闻性。通讯应迅速反映现实生活中涌现出来的新人、新事、新风貌、新经验等,进行有针对性的报道。

(2)真实性、典型性。通讯所反映的客观事实,应注意材料真实,甚至细节描写也不能失

真。另外,还要注意选取典型的材料,要有代表性。

(3)文学性、评论性。通讯往往运用描写、烘托、渲染和抒情的文学手法,绘声绘色地反映典型的人、事,来增强文章的形象性和感染力。通讯对所写的人事要发表议论,作评价。这种评论紧扣人物、事件进行,寓理于情,以情动人。

通讯的结构

通讯的结构一般可分为三部分:"导语、主体和结束语。导语,即通讯的开头。其写法灵活多样,但是一般要求以简明的语言交待时间、地点、人物。事件和缘由。主体,即通讯的内容部分。这部分内容可按事物发展的进程安排,以时间的先后顺序展开情节;又可按事物的性质写,在同一主题的统率下,并列写出几个不同的侧面。

结束语,即通讯的结尾。这部分在写法上比较灵活,没有定义。

通讯的表现手法

1.叙述和描写相结合

在通讯工作中,要注意把叙述和描写相结合,这样才能叙述清楚,给读者展开生动的画面,让读者在这种画面中受到感染和教育。

2.议论和抒情相结合

适当地运用议论和抒情,不仅不违背新闻报道的基本要求,而且还能使通讯主题深刻、人物鲜明、文笔生彩。

常见的通讯简介

1.人物通讯

所谓人物通讯,就是以报道各条战线上的先进人物为主的通讯。它着重揭示先进人物的精神境界,通过写人物的先进事迹,反映出人物的先进思想,使之成为社会的共同财富。同时,也报道转变中的人物和某些有争议的人物。

"金无足赤、人无完人",在写作时切不可把先进人物写成从来

没有过的大智大勇,十全十美,写人叙事力求言真意切。

2.事件通讯

所谓事件通讯,就是报道典型的、有普遍教育作用的新闻事件。写事当然离不开事件有关的人,但它不像人物通讯那样着力刻画人,而是以事件为中心,在事件的总画面中,为了写好事来写人。

它既可以反映现实生活中发生的重大的、振奋人心的典型事件和突出事件;也可以从某一新闻事件截取一个或若干个片断,进行细致详尽的描述,揭示事件的深刻含义;还可以是若干事件的综述。

3.工作通讯

所谓工作通讯,就是反映贯彻执行党的路线、方针、政策中的成绩,总结实际工作中的经验和教训,或者探讨有争议的亟待解决的问题的报道。

它是报纸上经常运用指导工作的重要报道形式。它的主要特点有四条:一是把介绍工作经验和分析问题作为主旨;二是凭借事实,深入分析;三是生动活泼,讲究文采;四是不拘一格,形式多样。随笔、散记、侧记、札记、记事均可。

NO5.学校网站的建设指导

学校网站建设的意义与作用

校园网站建设的意义

1.增加教学互动的方式

学校网站使得教师与教师、教师与学生、学生与学生之间的交流有了全新的方式,它不再受到传统课堂的制约。它可以使天南地北、城市与乡村的学生同处一室,共同讨论、共同共享。地理上的界限在这里也模糊和消失了,学校网站是真正没有围墙的学校。

2.学校网站是学校的商标

每一所学校都有自己的特色,每一所学校都有自己的个性。在这

个高度信息化的社会里,建立自己学校网站是最直接的宣传手段。网站的超时空特性,不仅能让地区内的人们了解学校,更可让世界了解到学校。凭借学校网站,学校就可成为教育百花园中一朵鲜艳的花朵。

3.能够提供个性化学习的平台

不同的学生理解世界的方式各不相同,认知世界有诸多方式。网络提供的丰富资源可以使学生寻觅不同的教育方式,各取所需。学校网站允许不同的学生沿着自己的途径,按自己的速度接受教育与学习,学生将有机会享受最佳的教育机会,充分发掘自己的内在潜力,培植独特的个性和人格。

4.实现教育资源分配的桥梁

网络有着巨大的教育资源库,它集全社会的力量,使教育资源无限增长。这对于发达地区和欠发达地区,高投入学校和条件差的学校在获取教育资源的权力上达成平等,使每一位教师和学生都能均等的得到培训和受教育的机会,不再会受到学校水平、教材、教师能力的限制。不仅能极大的提高教学效率,而且能实现教育公平的社会理想。

5.学校网站是最佳的教学研究室

学校网站与教育类专门网站的有效链接,给学校教学研究带来了一片新天地,各种优秀教案、专家论坛、网络观摩课、各科素材、多媒体课件制作等内容为教师教研提供了极佳的平台。有效地降低教研成本、提高效率。

校园网站建设的作用

1.宣传作用

现在的学生很喜欢上网,他们交际广泛,而且他们毕业后将走向全国各个地方,所以学校网站,会对学校起到很大的宣传作用。

比如说在学校建站初期搞一次全校学生参与的校园网络文学赛,要求学生作品直接在网站指定页面发表,学校从中评出优秀作品并通

过网站进行奖励,当然最好把其中一些学生的作品投递给国内的一些学生刊物选登,这对学生和网站建设都是一种很好的支持。

2.保持与校友的联系

校友,在很多情况下一提到这个问题便让人想起仅仅是在学校搞校庆时拉赞助的对象,其实,广大的校友带给母校的往往是一些更可贵的看不见的无形资产,他们经常会为母校的发展献计献策,他们的成功也会推动母校的发展,对在校学生起到一个良好的示范作用,所以校友是学校发展不可缺少的力量。最好今后的毕业照全部放在网上,同时发给学生的毕业照都印上学校网址,以加强校友与母校的联系。

3.促进师生交流

学校网站建设的作用还在于教师与教师、教师与学生、学生与学生之间的交流有了全新的方式。学校网站能提供教学互动的全新方式学校网站使得教师与教师、教师与学生、学生与学生之间的交流有了全新的方式,它不再受到传统课堂的制约。

4.提高教学效率

学校建设网站可以提高教学效率,实现教育资源的合理分配,而且学校网站是最佳的教学研究室。学校网站是实现教育资源分配的桥梁网络有巨大的教育资源库,好的学校网站建设方案是这个网站集全社会的力量,使教育资源无限增长。

这对于发达地区和欠发达地区,高投入学校和条件差的学校在获取教育资源的权力上达成平等,使每一位教师和学生都能均等的得到培训和受教育的机会,不再会受到学校水平、教材、教师能力的限制。

学校网站建设的基本策略

学校网站建设是学校教育信息化建设的重要方面，是适应现代教育技术和信息技术的发展，加大学校对外交流与宣传力度，提高教学、科研、管理效率的重要途径；学校网站是学校对外宣传的窗口，也是展示全校师生才能，加强对校外联系，互相学习，共同发展的阵地，学校网站建设的目的是促进师生与学校共同发展。

争取校领导对网站建设的支持

学校网站不应只是为了装点门面，它需要相当多实质性的东西来填充，这就要求我们这些网站建设实施者向学校领导积极反应学校网站建设的重要性和必要性，还要告诉他们，我们现在需要什么？

五彩校园文化艺术活动丛书

当然，作为学校网站建设初期最需要的肯定是资金，各个学校可以根据自身情况决定采用何种方式建设学校网站：对于资金比较充足的学校可以考虑购买专门WEB服务器、租用专线上网的方式，这样以后在网站建设方面就可以更好的大展拳脚；如果学校资金比较紧张，那可考虑租用网站空间的形式建设学校网站。

无论采用哪一种方式，我们都应当事先要有充分的资金预算，不然，今天向领导"要"两万，明天再"讨"一万，那可能将是一件非常不愉快的事，甚至让领导怀疑你的办事能力。

让学生参与网站的宣传工作

现在的学生很喜欢上网，他们交际广泛，而且他们毕业后将走向全国各个地方，所以动员学生参与到学校网站建设中来，会对学校网站建设起到相当大的宣传作用。

比如说为吸引学生参与网站建设，学校在建站初期便搞了一次全校学生参与的校园网络文学赛，要求学生作品直接在网站指定页面发表，结果在近两月的时间里先后收到数百篇包含诗歌、散文、小学等形式的文学作品，学校从中评出了不少优秀作品并通过网站进行了奖励，更有其中一些学生的作品被国内一些学生刊物选登，这对学生和网站建设都是一种很好的支持。

另外，学校网站还应开设学校论坛，邀请学生做适合自己兴趣爱好栏目的版主；不定期举办电脑作品比赛，为学生提供网站域名空间，也从中发现了有不少好的作品。

一种是已经毕业校友，他们关心学校的发展，所以会经常"回来"看看。试想，如果一位已经工作几十年的老校友再"回到"母校能看到自己当初的照片依然还放在学校网站上，那种心情是何等的激动，毕竟母校还没有忘记他们。

然后是各级教育部门和学生家长，他们需要及时了解一些学校

的教育教学工作情况,并及时的向学校有关部门反馈他们的意见或建议。基于以上原因,现在学校各类活动,只要不是拍得太差的图片我都会分类的把它们放在网站的校园风采图库内,因为我相信一点,"今天的新闻或图片"将是明天的"历史",为此我也很自豪,因为我在记录着学校的历史!

建立学校教研组网站

学校网站同时为各教研组或教师个人提供了展示自己的舞台,通常情况下在校教师向外界展示自己的机会只有下面这几种方式:上公开课、撰写教学论文、发表课件、学校评优等,这几种方式的展示范围一般是有限的,仅局限于本校或本地教育部门,而通过网站形式,教师或教研组便可把自己推向全国乃至全世界。

对于建立教师个人或教研组网站,校领导应当给予相当的物质和精神奖励,这样便使更多的教师参与到网站建设中来,提升了学校网

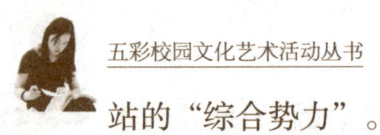

站的"综合势力"。

加强学校网站监督管理

学校网站除了在技术上对服务器进行安全配置防止黑客或病毒外,在网站内容方面特别是动态栏目内容方面一定要加强监督管理,学校网站面对的主要对象仍然还是学生,所以对信息的监督和过滤工作还是必要的,过滤是通过网络技术防止某些内容出现在网站上,这相对还是比较容易实现的,而监督却是一个长期坚决的任务。

学校网站不同于商业网站,商业网站动态内容要求24小时有人值班,而学校网站建设一般只有一个人,不可能有这么多时间来随时检查网站内容,这就要求我们采取必要的措施,培养"信息员"就是一个不错的方法。一般要求各论坛版主或关系密切的网站用户发现任何不良信息随时联系或直接清除,以便及时进行处理。

注重学校网站后台工作

建设学校网站应当说是一种"后台工作",编写一个程序或发现并修补一个程序漏洞,可能让你没日没夜连续工作数十个小时;收集一批资料,然后再上传到资源库,更可能用掉你连续几天甚至几十天的时间。

关键的关键是这些工作都是"后台"工作,这种工作实际上已经没有了上班下班和假期的区别,可以说极少有人能理解其中的苦,有的同事不理解甚至还以为你一天到晚坐在电脑前"挺舒服的",没有一颗十二分的奉献精神是很难做到的。

学校网站建设的基本要求

随着信息技术的发展和学校现代化建设的加强,各地中小学校纷纷建设了校园网,推出学校自己的网站。虽然许多学校的网站建设、发展已经数年了,但还是有相当多学校网站的作用、影响不尽如人意,面临进一步转变的压力。那么学校到底需要什么样的网站建设?笔者认为,当前学校网站建设迫切需要解决这样几个问题。

学校网站应该发挥的功用

平时,一些学校网站不外乎把一些通知、信息上传到网上,以方

便大家及时了解信息动态,有突击检查任务时,把一些内容补一补,做到有内容可看也就可以了。再有就是作为展示平台,把学校里开展的一些活动的相关照片或文稿资源挂在网上。

综观当前各中小学学校网站,在功能和作用上是相当有限的,"转发通知"、"报道活动"成了许多学校网站的全部功能。这样的网站无疑等同于"食之无味,弃之可惜"的"鸡肋"。那么学校网站除了发通知、报道活动之外,还能做什么呢?

教育教学是学校的核心工作,如果能凭借现代信息技术的优势,在学校的教育教学中发挥出自己的作用,这样的网站一定会"食之有味"。校园网站的发展方向应该向注重教育教学应用转变。作为学校网站,支持教学是第一位的,其作用应该是信息交流、教学、管理。

学校网站在"关注群体"方面的定位

一些学校网站在某种意义上充当着检查、评比的"道具",平时很少有人问津,当然也不会即时发布信息。许多学校网站在建设过程特别是后续的建设与管理中都存在着这样的尴尬,这提示我们要关注一个问题,即网站的建设过程也应包含对"关注群体"的正确定位和"培育"的过程。

学校网站不同于其他网站,最重要的特色功能应该着眼于教育,服务对象应包括学校教师、学生、家长等。但是很多学校在网站的建设过程中往往只想到了教师,而忽略了广大学生及其相关联的群体。

随着电脑和网络的逐渐普及,整个社会各个群体获取、交流信息的方式都因之而发生了革命性的变革。随着这一发展趋势,学生、家长通过学校网站获取信息逐渐成为了日常的需求。发布这个群体需要的信息,既满足了学生及家长的需要,也可以使学校网站获得应有的"人气指数"和实际功用。

当然这是最基本的思路,要真正形成"关注群体",还要经历从

无到有、从小到大的一个"培育"过程。如何培育？这既与学校的整体管理方式密切相关，也有其特定的面，学校网站不仅仅是窗口的作用，更应是一个相互交流的平台、一个师生互动的平台、一个家校联系的窗口。

学校网站应该进行的长效管理

有人认为，学校网站的管理是网管员的事，别人只要看就行了，所以学校网站成了通知栏。这种现象在许多学校网站的建设与管理中存在，"专人专管"这种简单的思维在学校网站的长效管理中显露出弊端。

已经有相当多的事实证明，如果学校网站的运行仅由信息技术教师或者其他专门管理者来承担的话，这个网站必定不能与学校的教育教学实践相融合，无源之水、无本之木，是注定不能有前景、有发展的。对此，学校网站的建设与管理应全员参与、共同建设，将网站应用于教育实践。

对于一部分学校，特别是技术应用水平、氛围还不是很好的学校，要让学校教师、学生参与到学校网站的管理、运行的过程中，还需要经历一个技术培训与方法培训的过程。

学校网站应该进行的资源库建设

学校网站资源库建设，决定了校园网建设的内容与方向，在很大程度上关系到学校网站能否真正充分发挥作用。

1.更新"资源库"的概念

一所学校拥有的资源库固然是我们传统概念中的"资源库"，同样，在互联网上散布的不计其数的各类文字、图片、音频、动画、视频也应该作为教学的资源。

事实上，相当多的教师在实践中都在利用互联网这个"海量的资源库"获取自己想要的资源。相比之下，学校在几年前曾花费巨资建

立的资源库，在数量和更新上都不可能与互联网相比拟。

2. "资源库"不能等同于"素材库"

在过去的资源建设中，有相当多的学校管理者、教师将二者等同起来。素材库可以是资源库的一部分，但如上所述，互联网是一个海量的素材库，而且在技术与保障上，都可以保证方便地使用。

那么作为学校，真正需要举一校之力去建设的"资源"应该是什么？这个问题非常重要，这也是一个定位的问题。这个问题的答案并不是唯一的，但也有着共同特征，比如，应该是实用于教学的，形式可以是教案、试题、课件、学件等；应该方便于使用，在检索、获取等环节要方便、无障碍。

3. 加强"人"的建设问题

互联网上的资源是海量的，但如果不能从中获得自己需要的，那么资源的海量只会浪费我们的时间与精力而无益于需求的满足。因此让每一个教师掌握一定的获得资源的策略、方法和技巧是非常重要的，其重要性绝不亚于投入巨资建设资源库，这也是在校园资源建设方面为一线教师提供"鱼"，还是引导大家掌握"渔"的问题。

4. 资源建设的更新

软件开发商提供的所谓的"配套教学资源"，会随着课程、教材、教与学方式的变革，很快成为"不配套"，因滞后而被淘汰。

从中我们也应该明白一个简单的道理，就是必须顺应这种必然，形成资源建设的更新机制，动员教师主动投入到资源的建设中，让教师不单单作为使用者，也要成为建设者。只有这样，资源库的建设才能进入一个动态的、持续的、发展的状态。

实践证明，学校网站建设必须解决好以上问题，才能真正发挥其应有的作用，服务于教育教学。

学校网站建设的注意事项

主题的具体设计

主题要有特色而且精巧,定位要有学校特色,内容要精巧。如果想制作一个包罗万象的站点,把所有认为精彩的东西都放在上面,那么往往会事与愿违,给人的感觉是没有主题,没有特色,样样有却样样都很肤浅,因为不可能有那么多的精力去维护它。网络的最大特点就是新和快,目前最热门的主页都是天天更新甚至几小时更新一次。

最新的调查结果也显示,网络上的"主题站"比"万全站"更受

人们喜爱，就好比专卖店和百货商店，如果我需要买某方面的东西，肯定会选择专卖店。当然学校的网站的更要有学校的特色。

确立栏目和版块

1.制作网页应注意的问题

建立一个网站好比写一篇文章，首先要拟好提纲，文章才能主题明确，层次清晰；也好比造一座高楼，首先要设计好框架图纸，才能使楼房结构合理。网站结构不清晰，目录庞杂，内容东一块西一块，结果不但浏览者看得糊涂，自己扩充和维护网站也相当困难，网站或许就此半途而废。所以，在动手制作网页前，一定要考虑好一些方面，如确定栏目和版块、确定网站的目录结构和链接结构、确定网站的整体风格创意设计。

2.网站栏目安排要注意的问题

一定要紧扣主题，一般的做法是将主题按一定的方法分类，并将它们作为网站的主栏目。主题栏目个数在总栏目中要占绝对优势，这样的网站明显的专业，主题突出，容易给人留下深刻印象。

设一个最近更新或网站指南栏目。这样做是为了照顾常来的访客，让主页更有人性化。设定一个可以双向交流的栏目不需要很多，但一定要有。

3.划分栏目要注意的问题

尽可能删除与主题无关的栏目；尽可能将网站最有价值的内容列在栏目上；尽可能方便访问者的浏览和查询。

首页的设计细节

在全面考虑好网站的栏目，链接结构和整体风格之后，就可以正式动手制作首页了。有一句俗语："良好的开端是成功的一半"。在网站设计上也是如此，首页的设计是一个网站成功与否的关键。人们往往看到第一页就已经有一个整体的感觉。是不是能够促使浏览者继

续点击进入，是否能够吸引浏览者留在站点上，全凭首页的设计。所以，首页的设计和制作是绝对要重视和花心思的。

1.首页设计方法

有关首页设计方法大致有版面布局的窍门、色彩的搭配、字体的设置和表格的嵌套、细微之处见功力、考虑不同的浏览器和分辨率、设计好你的banner和位置、标签的重要性。

2.首页设计步骤

首页，从根本上说就是全站内容的目录，是一个索引。但只是罗列目录显然是不够的，如何设计好一个首页呢？一般的做法是确定首页的功能模块、设计首页的版面、处理技术上的细节。

3.确定首页的功能模块

首页的内容模块是指你需要在首页上实现的主要内容和功能。一般的站点都需要这样一些模块：网站名称（logo）、广告条（banner）、主菜单（menu）、新闻（news）、搜索（search）、友情链接（links）、邮件列表（Mailing list）、计数器（count）、版权(copyright)。选择哪些模块，实现哪些功能，是否需要添加其他模块都是首页设计首先需要确定的。

4.设计首页的版面

在功能模块确定后，开始设计首页的版面。处理技术上的细节制作的主页如何能在不同分辨率下保持不变形，如何能在IE和NC下看起来都不至于太丑陋，如何设置字体和链接颜色，等等，首页设计是整个网站设计的难点和关键，在制作的过程中要处理好各种技术的细节也是非常重要的。

网站的形象定位

一个杰出的网站，和实体公司一样，也需要整体的形象包装和设计。准确的，有创意的形象设计，对网站的宣传推广有事半功倍的效

果。在网站主题和名称定下来之后,需要思考的就是网站的形象。学校的网站形象要具有代表本学校的特色。

1.设计好网站的标志

首先需要设计制作一个网站的标志,就如同商标一样即logo,logo是站点特色和内涵的集中体现,看见logo就让大家联想起站点。标志可以是中文、英文字母,可以是符号、图案,可以是动物或者人物,等等。标志的设计创意来自网站的名称和内容。同时也能非常宣明的代表到学校的标志。

2.设计网站的标准色彩

网站给人的第一印象来自视觉冲击,确定网站的标准色彩是相当重要的一步。不同的色彩搭配产生不同的效果,并可能影响到访问者的情绪。"标准色彩"是指能体现网站形象和延伸内涵的色彩。例如:IBM的深蓝色,肯德基的红色条型,windows视窗标志上的红蓝黄绿色块,都使我们觉得很贴切,很和谐。标准色标准色彩要用于网站的标志,标题,主菜单和主色块。给人以整体统一的感觉。至于其他色彩也可以使用,只是作为点缀和衬托,绝不能喧宾夺主。

3.设计网站的标准字体

和标准色彩一样,标准字体是指用于标志、标题,主菜单的特有字体。一般我们网页默认的字体是宋体。为了体现站点的"与众不同"和特有风格,我门可以根据需要选择一些特别字体。

4.设计网站的宣传标语

也可以说是网站的精神,网站的目标。用一句话甚至一个词来高度概括。以上四方面:标志、色彩、字体、标语,是一个网站树立起形象的关键,确切的说是网站的表面文章,设计并完成这几步,网站将脱胎换骨,整体形象有一个提高。

学校网站开发制作的过程

学校网站开发是一项很复杂的工作，可以将它当做一个项目来进行。软件工程的管理方法和规范与网站建设项目最接近，因此我们在仔细研究软件工程后，借鉴软件工程的管理方法和规范，针对学校网站建设的特点和重点，整理出一套适合学校网站建设管理和控制的方法。

我们可将其称为网站工程，简单地说就是网站项目的管理和控制方法，是一种特殊的、标准的操作程序，目的在于保证网站建设的高效率、高质量、低风险。

网站系统分析

1.网站立项

当我们需要进行校园网站建设时,就要对建立学校网站这个项目立项。较好的做法是成立一个专门的项目小组,小组成员包括:学校领导、学校网络管理员、美术教师、各处室人员、微机教师等6至7人组成。由网络管理员作为项目负责人负责对该项目的统一调度和安排。

2.需求说明书

要建立一个网站,首先要明确学校网站建设的意义和需求及校园网所能提供的功能和内容。必须让每一位学校领导和教师了解校园网能够提供的服务和功能;其次可采取与领导交谈、下发问卷调查表等方式了解学校领导和教师希望校园网提供的服务和内容,网管要根据各方面的反馈意见进行认真的分析,编写一份详尽的需求说明书。

把好这一关,可以杜绝很多因为需求不明或理解偏差造成的失误和网站建设失败。需求说明书要达到如下标准:正确性、可行性、必要性、简明性、检测性。

作为国际互联网站点,每个不同的网站将满足网络用户的不同需求。学校网站所面对的对象是广大教师和学生,所以,教师和学生和一些渴望了解学校基本情况的人群的需求就成了本次设计的实际需求。在对网站进行设计制作前,有必要对需求进行仔细分析。

浏览者访问一个站点一般都希望对该站点能很快地有一个大致了解,所以对站点的介绍是很有必要的。学校网站是为中小学教学而建的,所以将侧重于对学校基本情况及为教师和学生提供教育教学素材、为教师和学生的教学行为提供基本服务功能等方面的介绍。

一份好的需求说明书是网站建设工作的基础,因此要求学校领导和网管把好关,切实把需求说明书写成一份目的明确、内容详实、简明易懂、准确无误的网站建设初稿。

网站具体建设

1. 总体规划

在写出需求说明书后，并不是直接开始制作，而是需要对网站进行总体规划、详细设计，给出一份网站建设方案。总体规划是非常关键的一步，它主要确定网站需要实现哪些功能；网站开发使用什么软件，在什么样的硬件环境下进行；需要多少人，多长时间；需要遵循的规则和标准有哪些。

同时需要写一份总体规划说明书，包括网站的栏目和板块；网站的功能和相应的程序；网站的链接结构；如果有数据库，进行数据库的概念设计；网站的交互性和用户友好设计。

学校网站的中心任务是为师生的教育教学行为提供必要的服务，因此，在进行网站设计时要对主题有所突出，具体可将整个校园网划分成学校简介、校园公告栏、教师中心、学生中心、网络办公等几个板块。

2. 建设方案

在总体设计出来后，一般需要给出一个网站建设方案。网站建设方案的包括学校情况分析；网站需要实现的目的和目标；网站形象说明；网站的栏目板块和结构；网站内容的安排，相互链接关系；使用软件，硬件和技术分析说明；开发时间进度表；维护方案；制作费用。

当方案得到学校领导和项目组大多数人员的认可后，我们就可以开始动手制作网站了。但还不是真正意义上的制作，需要进行详细设计。

3. 详细设计

总体设计阶段以比较抽象概括的方式提出了解决问题的办法，详细设计阶段的任务就是把解决方法具体化。

（1）整体形象设计。在程序员进行详细设计的同时，网管和美术

教师开始设计网站的整体形象和首页。

整体形象设计包括标准字、Logo、标准色彩、广告语等。首页设计包括版面、色彩、图像、动态效果、图标等风格设计，也包括banner、菜单、标题、版权等模块设计。首页一般可设计1至3个不同风格，完成后，供学校领导网站制作组进行选择。

（2）页面风格设计。模块布局宗旨在于方便访问者浏览，所以首页上面设置一条导航栏，其下是主题动画，在主题动画下设置版内导航条。大致页面布局力求风格统一、内容丰富。

如今的多媒体Web网页具有强大的交互功能，多种媒体方式如文字、图片、动画、声音等同时存在。文字是一种简洁有效的媒体，输入方便，处理速度快，适合网速较慢的情况下大面积布局。图片可以给人以较为直观的感受，以及更为感性的认识，其缺点是下载速度慢，在网速慢的情况下不宜大面积运用。

（3）颜色调配设计。网页制作中页面颜色的调配相当重要，由于由学校美术教师进行整个校园网站的美工工作，我们可以更多采纳美术教师的意见。各板块采用与网站首页同一色系的颜色，整个板块内部也尽量保持风格一致。

考虑到校园网站是教学网站，颜色既要体现出严肃性，又不能过于死板。所以应采用淡雅型的配色方案，避免有大面积色块出现。

（4）网站调试方案。对于网站调试，尽量采用边制作边调试，即采用本机调试与和上传服务器调试的方法，因为网站在单机和服务器上运行有很大的区别，所以很有可能在上传服务器之后，出现在单机上不能浏览的一系列问题。观察速度、兼容性、交互性等，发现问题及时解决并记录下来。

（5）人员的分工。对于学校网站制作人员的分工，可按照专业对口、分工协作的原则进行，学校领导负责对人员的调度和安排，内容

材料的把关；学校网管负责协调各制作人员的工作，解决制作中的技术问题并完成整个网站的调试工作；美术教师是整个网站的美工，对网站的Logo、版面划分、色彩搭配进行统一规划和制作；各科室人员负责网站制作素材和内容的搜集和整理工作；微机教师负责对素材的处理及各网页的制作。

网站的最后制作

到这里，各网站制作人员就可以全力进入开发阶段，需要提醒的是，测试人员需要随时测试网页与程序，发现Bug立刻记录并反馈修改。不要等到完全制作完毕再测试，这样会浪费大量的时间和精力。学校领导和网管需要协调和沟通各制作人员的工作。

最后，将制作中的有关文档存档，并另行写出一个校园网站使用说明文档。至此，网站项目建设制作完毕。

中小学生上网的正面影响

开阔学生视野

因特网是一个信息极其丰富的百科全书式的世界,信息量大,信息交流速度快,自由度强,实现了全球信息共享。

中小学生在网上可以随意获得自己的需求,在网上浏览世界,认识世界,了解世界最新的新闻信息、科技动态,极大地开阔了中小学生的视野,给学习、生活带来了巨大的便利和乐趣。

加强对外交流

网络创造了一个虚拟的新世界,在这个新世界里,每一名成员可以超越时空的制约,十分方便地与相识或不相识的人进行联系和交流,讨论共同感兴趣的话题。由于网络交流的"虚拟"性,避免了人们直面交流时的摩擦与伤害,从而为人们情感需求的满足和信息获取提供了崭新的交流场所。

中小学生上网可以进一步扩展对外交流的时空领域,实现交流、交友的自由化。同时现在的中小学生以独生子女为多,在家中比较孤独,从心理上说是最渴望能与人交往的。现实生活中的交往可能会给他们,特别是内向性格的人带来压力,网络给了他们一个新的交往空间和相对宽松、平等的环境。

促进个性发展

世界是丰富多彩的,人的发展也应该是丰富多彩的,因特网就提供了这个无限多样的发展机会的环境。中小学生可以在网上找到自己的发展方向,也可以得到发展的资源和动力。

利用因特网就可以学习、研究乃至创新,这样的学习是最有效率的学习。网上可供学习的知识浩如烟海,这给中小学生进行大跨度的联想和想象提供了十分广阔的领域,为创造性思维不断地输送养料,一些电脑游戏在一定程度上能强化中小学生的逻辑思维能力。

拓展受教育的空间

有很多中小学生因为上网而提高了学习成绩,这也是我们上网值得骄傲的一点。因特网上的资源可以帮助中小学生找到合适的学习材料,甚至是合适的学校和教师,这一点已经开始成为现实,如一些著名的网校,提供了求知学习的新渠道。

目前在我国教育资源不能满足需求的情况下,网络提供了求知学习的广阔校园,学习者在任何时间、任何地点都能接受高等教育,学

到在校大学生学习的所有课程、修满学分、获得学位。

这对于处在应试教育体制下的中小学生来说无疑是一种最好的解脱，它不但有利于其身心的健康发展，而且有利于家庭乃至于社会的稳定。

有助于创新思想教育

利用网络进行德育教育工作，教育者可以以网友的身份和青少年在网上"毫无顾忌"地进行真实心态的平等交流，这对于德育工作者摸清、摸准青少年的思想并开展正面引导和全方位沟通提供了新的快捷的方法。

此外，由于网络信息的传播具有实时性和交互性的特点，青少年可以同时和多个教育者或教育信息保持快速互动，从而提高思想互动的频率，提高教育效果。

由于网络信息具有可下载性、可储存性等延时性特点，可延长教育者和受教育者思想互动的时间，为青少年提供"全天候"的思想引导和教育。还可以网上相约，网下聚会，实现网上德育工作的滋润和补充，从而及时化解矛盾，起到温暖人心、调动积极性、激发创造力的作用。

中小学生的网络安全教育

网络的发展已经成为不可阻挡的时代潮流,因此,我们必须紧跟世界进步潮流,充分发挥网络对中小学生健康成长的积极作用。为此,要充分发挥政府、社会和企业"三驾马车"的作用,全面规划,统一建设标准,采用先进的信息网络技术整合现有资源,实现网络由单点应用向"相互共享、共同应用、互联互动"多点应用的根本转变。

中小学生在逐步走向成熟的过程中,摄取知识、学习做人的大部分时间都是在校园中度过的。因此,我们要为他们在校园里提供一个

良好的网络环境，建设高质量的校园网。

为此，要保证中小学校计算机的配置数量；解决好校园网络硬件设施建设问题；正确处理好硬件、软件的关系，立足于功能与效益的发挥，在"用"字上下功夫，认真实施"校校通"工程。

加强网上信息资源的开发和利用

为了中小学生能够有效利用网络，在网络社会中健康成长。我们必须切实把青少年网上信息资源建设放在突出位置，投入大成本做教育信息资源开发，综合多媒体、数据库、网络、人工智能等技术，建设中国教育信息资源的"航母"。与此同时，要充分发动广大教师开发青少年的学习资源。

加强建设适合中小学生的绿色网站

互联网上的网站浩如烟海，各式各样的网站都在努力吸引中小学生的注意力，形形色色的网站都有他们忠实的"网虫"。有人曾经把互联网的竞争称为"争夺眼球的战争"。为了中小学生的健康成长，我们必须牢牢掌握网上育人的主动权。

首先，建设一批适合中小学生浏览的网站，全面推进"中小学生绿色上网工程"。

其次，在网上广泛开展各种有意义的、丰富多彩的活动。比如，我们可以开展网上作文大擂台，让广大中小学生参与作文比擂；开展网上论坛，对近期跟青少年有关的话题进行讨论；开展网上活动建设方案征集活动，让中小学生参与建设网站，等等。

加强学校对学生的素质教育

学校是法制教育的主要渠道，要加强对学生的思想道德与遵纪守法及网络自护的教育，丰富学生的课余文化生活；各学校的法制校长和德育教师要结合学生实际，在学生中以专题讲座等形式开展网络法制教育，并组织专题讨论。

充分考虑中小学生的身心特点,以生动活泼的形式开展理想信念教育,使他们坚定走社会主义道路的信心,树立起正确的人生观、世界观、价值观,增强他们道德判断能力,指导他们学会选择,识别良莠,提高自我约束、自我保护能力,鼓励他们进行网络道德创新,提高个人修养,养成道德自律。同时有条件的学校还可以建立校园网吧,提供学生安全健康的上网环境。

加大力度普及上网文明公约的知识

在我们建设和谐社会、和谐学校、和谐课堂的今天,互联网技术得到迅速普及并逐步渗透到学习、生活的各个领域,互联网带给我们大量信息,也拓宽了我们交往的渠道,网络已成为学习知识、交流思想、休闲娱乐的重要平台。

随着互联网时代的到来,越来越多的青少年成为"网民"。网络在给我们生活带来方便的同时,不良资讯、长时间上网也危害着我们的身心健康。

个别网站存在着传播不健康信息、刊载格调低下的图片、提供不文明声讯服务,甚至传播暴力文化及严重危害社会的内容,使青少年人生观、价值观、道德观受到侵蚀,身心受到摧残。

营造健康文明的网络文化环境,清除不健康信息已成为社会的共同呼唤、家长的强烈要求和保障未成年人健康成长的迫切需要。为使网络成为传播先进文化的阵地、虚拟社区的和谐家园,广大青少年上网时应共同遵守如下条约。

1.端正思想

树立正确的荣辱观,抵制腐朽思想的侵害,接受科学进步的思想。坚决贯彻、落实胡锦涛总书记提出的以"八荣八耻"为主要内容的社会主义荣辱观,以传播弘扬热爱祖国、服务人民、崇尚科学、辛勤劳动、团结互助、诚实守信、遵纪守法、艰苦奋斗的内容为荣,努

力营造健康向上的网上舆论氛围。

2.营造文明

争做《全国青少年网络文明公约》的实践者,营造文明、安全的网络环境。要自觉远离网吧,不利用网络煽动闹事、拨弄是非、造谣生事;不在网络上冒名顶替、诬蔑欺骗;不散布虚假言论,不轻信网上流言。

3.清扫"垃圾"

共同维护文明网络环境,共同清扫网络垃圾。不制造和传播网络病毒,维护网络安全,不在网上宣传色情、迷信、暴力的内容,不在网上谩骂、攻击他人,注意文明用语,自觉抵制不文明行为。

4.正义上进

文明上网,上文明网,上安全网,做有正义感、责任感、上进心的网民。要增强自护意识,不随便约见网友;牢记学生身份,只撷取有益的信息和资料,自觉遵守网络公德,争当新时代的好青年、好少年。

青少年是祖国的未来和希望,是最具科技意识和创新能力的一代,青少年是网络活动中的主体,我们要从现在做起,从自我做起,自尊、自律、自强,上文明网,文明上网,让网络伴随我们健康成长。

加强家长对孩子上网的正确引导

作为家长一定要关心自己孩子的学习和生活情况,避免学生在不被父母知道的情况下私自去网吧上网。另外部分中小学生往往在家中使用互联网,家长应该对网络有一定的认识,要正确引导孩子上网的目的,同时也要关心孩子到底看些什么,学到了什么,并且要和孩子一起学习、交流、成长。

心理咨询实践表明,许多家庭教育失败的原因,就是家长与孩子之间缺乏有效的沟通。家长与孩子上网,可以提供两代人交往探讨

的话题，共同上网，查找信息，评论是非这就是一个实施家庭教育的好机会。家长要有超前意识，不断学习，提高自己各方面的修养和能力，争取成为自己子女最佩服的人。

　　加强对孩子上网监管，更是每个家长责无旁贷的事情，严格控制孩子的上网内容、上网时间，只有这样，才能充分发挥网络的作用，既借助网络帮助中小学生成才，又消除它的负面影响。同时父母应该加大对孩子的网络安全教育，加强与学校的信息沟通，避免孩子在家或在网吧登陆不良网站，以免受到网络侵害或引发违法犯罪。

预防网络的怪异"症状"

快餐硬结症

对于众多步履匆忙的青少年而言,互联网好比知识快餐一样,大大激发了他们急于求知的强烈欲望,在鼠标轻点之间就能立刻在浩如烟海的信息海洋中找到自己所需的信息,从而大大提高了单位时间里的学习、工作效率。

而对网上各种时髦展品,他们在好奇心、求知欲驱使下流连忘

返,从不审视、怀疑它的构造成份和运转功效,整个大脑于囫囵吞枣之际成了一个受动而麻木的机器,致使许多硬结不但吞噬着青年人本应充满活力和主见的青春大脑,而且堵塞着他们对真知的探索。

狂泻冷漠症

对于那些至今尚未完全摆脱父权主义、顺应主义教育的青年来说,虽然在现实中其情感表露总要受到他人及社会的左右,但他们身上被压抑的诸多情感却可以在网络世界中肆意暴发。上网交友、网上聊天、在BBS中高谈阔论成了人们忘记权威压制、排遣孤独,宣泄不满的畅通渠道。

只是我们观察到,尽管互联网在一定程度上有助于青年缓解压力、平衡心理、但过多虚拟的网上情感交流无疑让许多青年在放飞情感的同时,总想试图将自己真实的情感深埋心底,不愿向真实世界倾诉,并懒得与活生生的人进行情感交流。生活中,这些人沉默寡言、不善言谈、不为世间情感所动,显出一副冷漠姿态。互联网成了一部分人面对现实情感世界的心灵之锁。

自主膨胀症

在互联网这一无人管理的区域内,人们往往能够以己为中心,以己需要为尺度,完全按自己的个人意志自主地利用网上资源、自主地在游戏中扮演各类角色、自主地设计令人惊叹的"小制作"、"小发明",等等,这种无拘无束,随心所欲的意志自主表现虽然在相当程度上利于个性的张扬。

但我们也为一部分人在极度的意志自主中其"唯我独尊、唯我是大"的意志膨胀表现所震惊:一些人仅仅是为了显示自己的个性,总想通过自己的意志自主表现而一鸣惊人,于是在互联网上随意制造思想和议论的巨大泡沫,甚至为了达到让世人把他当主角的目的而不惜做出损害别人数据、破坏他人网站,侵入别人系统等过激行为,以至

酿发可怕的阻塞网络交通的网络地震。

鼠标综合症

"鼠标综合症"是电脑族出现后的又一个新兴医学名词。青少年网络游戏迷或那些在工作中必须使用计算机的人每天重复在键盘上打字和移动鼠标，即易引起"鼠标综合症"，又叫"腕管综合征"，俗称"鼠标手"。

鼠标综合症的主要症状表现为正中神经分布部位出现感觉异常主要是拇指、食指、中指掌侧的感觉，随症状加重，患者会在夜间出现疼痛和感觉异常，如果症状持续发展，可使正中神经进一步损害，引起皮肤感觉缺失和鱼际肌肌力减退，对指活动乏力，晚期可有鱼际肌萎缩。

腕部掌侧韧带和腕骨形成的腕管中有正中神经穿过，当腕部处于背屈状态时，腕部伸肌产生的力作用于韧带，从而压迫腕管中的正中神经。

为了预防"鼠标综合症"，平时应养成良好的坐姿，不论工作或休息，都应该注意手和手腕的姿势。使用电脑时身体应正对着键盘，避免手腕过度弯曲紧绷；把椅子调整到最舒适的高度，坐下时使双脚能正好平放在地面；保持手腕伸直，不要弯曲，但也不要过度伸展；肘关节成90度，具体应注意以下几点：

1.不要在电脑前工作时间过长

使用多种不同的输入方法，不连续在电脑前工作过长的时间，若连续使用鼠标在一个小时之后就需要做一做放松手部的活动。鼠标综合症属于"累积性创伤失调"症，病情较轻者可采用药物或使用腕背屈位夹板法治疗。病情较重者可施行腕管切开术。

2.不将鼠标放在桌面上

医生发现，鼠标的位置越高，对手腕的损伤越大；鼠标的距离距

身体越远,对肩的损伤越大。因此,鼠标应该放在一个稍低位置,这个位置相当于坐姿情况下,上臂与地面垂直时肘部的高度。键盘的位置也应该和这个差不多。很多电脑桌都没有鼠标的专用位置,这样把鼠标放在桌面上长期工作,对人的损害不言而喻。

鼠标和身体的距离也会因为鼠标放在桌上而拉大,这方面的受力长期由肩肘负担,这也是导致颈、肩、腕综合征的原因之一。上臂和前身夹角保持45度以下的时候,身体和鼠标的距离比较合适,如太远了,前臂将带着上臂和肩一同前倾,会造成关节、肌肉的持续紧张。

3.升高转椅预防"鼠标手"

如果调节鼠标位置很困难,可以把键盘和鼠标都放到桌面上,然后把转椅升高。桌面相对降低,也就缩短了身体和桌面之间的距离。

用科学的方法放置鼠标,会大大降低"鼠标手"的发病几率,让每一名常坐在电脑前的青少年和上班族轻松、愉快地处理好自己的学

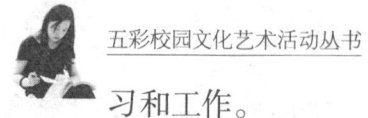

习和工作。

"鼠标综合症"的治疗,手腕可用热疗、按摩及充分休息3周左右,特别要减少引起疾病的手工劳动。采用舒筋活络中药进行薰洗,也有一定的效果。局部封闭治疗,可使早期"鼠标综合症"得到缓解,每周封闭一次,连续三次。上述方法治疗无效或反复发作时,应做腕管切开手术,可在腕关节镜下得到微创治疗。

网络成瘾综合症

青少年的网络成瘾综合症是一种心理障碍,不仅不利于个体的健康发展,还成为一种日益严重的社会问题。它的形成既有网络传播特性的原因,也有个体自身人格缺陷和现实社会生活压力的原因。

网络是一把双刃剑,我们在享受它带来的便捷、高效的同时,也应充分认识到它的负面影响。大部分人在网上的冲浪体验中逐渐形成了一种对网络的心理依赖,随着每次上网时间的不断延长,这种依赖越来越强烈。这种不自主的强迫性现象已被称为"网络成瘾综合症"。

1.网络成瘾综合症的形成

"网络成瘾综合症"的主要表现,就是因为过分依赖网络,而失去对现实生活的兴趣。其最明显的症状有:在网络上工作时间失控,长时间使用网络以获得心理满足;为了达到自我满足,不惜增加网上停留时间,试图减少操作时间但难以自控;对家人和朋友隐瞒自己是"网虫"。网络成瘾的原因是多方面的。网络传播的特点,使它比物理世界的人际传播更轻松。网络使用者人格中的某些缺陷,使他们更易沉迷于网络。

现实生活压力过大,导致一些人沉溺于网络,在虚拟空间里寻求安慰和减压。社会形态转型时期,生活中的未知变量太多,如工作上的失落、社会交往挫折、科技进步带来的伦理难题等,压力骤增。人们迫切需要一个宣泄减压的宽松环境。网络成瘾实际上是暴露了目前

现实社会存在的问题,把网络成瘾的症结完全归于网络的使用者,是不够全面的。

那些内向敏感、现实人际交往困难的人,易沉迷于网络。例如一位女孩说:"在网上,我会主动与我不认识的男孩说话,这在现实中几乎不可能。"所以,提高他们的现实交流沟通能力,重塑自信是摆脱"瘾症"的治本之途。

2.网络成瘾综合症的预防

首先必须合理安排时间,鼓励他们积极参加其他活动,多与人交往,注意与亲友、领导同事的关系;其次给予相应的现实生活方面的指导,如对人际沟通上有障碍的使用者,给予交流沟通技巧方面的指导,让其体验到真实人际交往的成功,从而帮助他们重建自信。总之,要让网络成瘾者融入、适应现实的社会生活。毕竟,人不能只活在电脑和网络的世界中,它们只是生活的一部分。

心理学家对网络使用者及其家属还提出以下建议以预防"网络成瘾综合症"的发生:

严格控制上网的时间,一天不宜超过8小时。每天应抽出2至3小时与家人和同事进行现实交流。一旦发现有"网络成瘾综合症"的各种症状出现,家属要强行限定患者上网的时间并积极寻求心理咨询和药物治疗。

预防青少年的网络犯罪

构建健康绿色的互联网

要加强网络管理,制定统一、专门的互联网管理法律制度,切实加强网络信息管理和相关的组织管理。

把握正确的政治方向,开辟和建设青少年网站,可以通过学习、就业、交友、心理咨询、法律援助等青少年感兴趣的、能切实为青少年服务的形式,开辟更多的为青少年所喜闻乐见的网站,服务青少年、凝聚青少年。

通过青少年网站，使学生提高明辨是非的能力，增强他们的政治敏锐性和鉴别力，占领网上思想教育的阵地。切实加强对网吧的管理，加大整治力度。认真落实未成年人不得进入营业性网吧的规定，净化网络空间，为青少年的健康成长营造绿色网络环境。

要对"黑网吧"进行全面整顿，取缔侵害青少年身心健康的非法网吧，设立监督电话，聘请社会监督员，对群众举报问题严重的网吧，严加治理，使网吧走上更加规范的道路。加大对网吧经营者的培训和宣传力度，通过举办培训班、发放宣传资料等方式，大力宣传相关的法律法规，使经营者在网吧经营中学会知法、守法和用法。

提高青少年适应社会的能力

针对部分青少年逃避现实的倾向，要教育青少年分清虚拟社会和真实社会的不同，向他们分析社会的复杂性和存在的某些不足，鼓励他们勇敢地直面现实世界中存在的问题，丢掉幻想，积极投入到改造社会的实践中去。

开展各种丰富多彩的活动，加强青少年之间、青少年和社会之间的交往，建立健康的人际关系；有条件的应该建立青少年的心理咨询机构，对有心理障碍和人际交往障碍的青少年进行心理辅导，克服障碍。加强青少年组织建设，消解虚拟组织对现实组织的冲击。网络社会存在大量的虚拟组织，有社交类、消费类、职业类、娱乐类、学术类，等等。

但是，只要我们主动地去了解各类网络组织，与其加强联系，并以有效的方式介入他们的运作、管理，各种虚拟组织可以为我所用，也可以通过网络形成利于青少年成长的健康组织。

开展青少年网络道德教育

鉴于网上青少年道德弱化的现象十分突出，必须加强网上的道德建设，这是一个崭新的和极其重要的课题。

首先,网络是个新生事物,网络社会的伦理规则处于建设过程之中。我们应该建议有关部门共同研究和探讨网络伦理规范,明确各种网络主体之间的权利、义务、责任以及网络道德的基本原则,形成网络从业人员的职业道德,构建和规范网络伦理,为网络社会创造一个良好的道德环境。

其次,必须加强对青少年的"网德"教育,要让青少年懂得,虚拟社会和现实社会一样,需要有一整套道德规范,网络才能够正常运转,不能因为网络的隐蔽性而忘记了起码的行为规则,上网时要文明、自尊自重、严格遵守网络秩序,形成健康、文明、有序的网络环境。要增强他们的道德判断能力,指导他们学会选择和识别,鼓励他们进行网络道德创新,提高个人修养,养成道德自律。

各种网络技术传授部门,各级青少年宫开办的计算机培训班,在进行网络技术训练的同时,也要加强网络道德训练,增强青少年网络道德观念,规范青少年网络道德行为。新闻媒体要做好相关法律法规的宣传,加强对网络道德的宣传,把网络道德纳入到社会道德体系中。

加强对青少年的引导

学校和家庭应为引导青少年健康文明利用网络的做出努力。应注意引导青少年充分认识网上污浊内容的危害性,注重引导青少年怎样上网。青少年的好奇心强,越是不许他们做的事,他们偏想做。

因此,针对青少年上网浏览不健康内容,结合案例他们谈这个方面的害处;另一方面,对他们多进行理想教育,使其有远大抱负。

在学校,教师应多为学生树立榜样,激发他们不断进取的精神,教给学生必要的上网常识,指导和教育青少年正确上网、安全上网、科学上网、高尚上网。通过疏导,不仅使孩子意识到不健康内容的危害,更使其借助网上优势,提高学习效率,培养自学能力;在家庭中,父母要引导孩子树立正确的择友观,引导青少年参加社会活动。

对于家庭入网者，家长可以在电脑端加过滤软件，提取精华、剔除糟粕，为我所用，对于青少年年上网吧者，家长应把握其活动时间，坚决杜绝其通宵上网。

另外，家长要重视青少年青春期的科学教育，支持和鼓励青少年读一些有益的书籍或观看一些有关电视电影节目，不仅给他们物质生活保障，而且给予精神生活的健康享受。

加大网络的立法力度

法律规制，是网络文明的硬性保障。在网络这个虚拟社会中同样离不开法律的外在规制，否则这个"虚拟社会"就可能出现秩序紊乱的现象。

实践证明，网络立法势在必行，健全互联网管理的各种法规，培养青少年的网上法律意识，建立和完善与网络社会相应的法规条文，是建构网络文明工程的现实需要。建立和完善与网络社会相适应的法律法规，一方面规范全体网民的网上行为，另一方面对网上行为立法，借此保护青少年不被有害信息侵害。

通过立法，建立新型的信息自由原则，即个人的信息自由不能建立在妨害公共信息自由和国家信息安全的基础之上，有关部门应该而且必须采取有限度的措施将信息网络置于有效的控制之下。

在遵守国家有关网络信息方面的法令法规的前提下，制定一些有效措施。比如互联网登记制度，通过登记以保证对网络的有效控制；比如电子审查制度，对来往信息尤其是越境数据进行过滤，将不宜出口的保密或宝贵的信息资源截留在国内，将不符合国情的或有害的信息阻挡在网络之外。此外，还应建立并完善联网电脑的管理制度，确保强化联网电脑的安全使用，等等。

NO6．学校公共关系建设指导

公共关系的概念及内容

公共关系的概念

"公共关系"一词源于国外,是由英文Public Relations译过来的。指以公共关系的客观现象和活动规律为研究对象的一门综合性的应用学科,是研究组织与公众之间传播与沟通的行为、规律和方法的一门学科。公共关系是以社会组织为主体、以各类公众为客体、以传播为手段的管理活动,它在社会组织和其他各类公众之间形成双向交流,使双方达到相互适应、相互合作的目的。

它包括了两层含义:一是公共关系是公开的,不是秘密的,二是它研究的不仅仅是一种关系,而是多种的、混合的关系。公共关系的行为主体是社会组织,其活动的对象是相关公众。学校作为一种进行教育教学活动的特殊组织,在其生存和发展过程中,都必然要与各类公众群体形成一定的关系。处理和协调这

些关系的各种行为，便是学校的公共关系。

因此，我们可以把学校公共关系看作是一个学校运用各种方式和手段，为学校树立良好形象，从而得到学校内外公众的理解、信任、支持与合作而进行的一种学校管理活动。显然，学校就是学校公共关系的行为主体。从某种意义上说，所有的学校成员都是学校的公关人员。

学校公共关系是学校有计划、有系统、长期性的运用各种媒介与活动，与公众进行双向沟通与互动的历程，它能够与公众建立起良好的关系，促进学校的教育发展。

公共关系的内容

公共关系学是一门应用性很强课程，适用于个人及任何组织。

1.从观念形态看

从观念形态看，公共关系是一种管理思想，其中心点是任何组织必须打破利益关系上的自我中心主义，在所有决策及行动上都应以公众利益为本，只有当组织的活动满足公众利益的需要，才能建立起良好的声誉，获得社会的理解和支持，才能为本组织的生存和发展创造有利的环境，奠定坚实的基础。

2.从实践形态看

从实践形态看，公共关系是一种管理职能。由于社会化的发展，组织间的依存显得非常重要，组织的对外联系、沟通，促进友善关系是组织管理的重要职责。在组织内部，组织成员的民主意识日益提高，希望参与管理，以维护自身利益和促进组织的发展，领导与组织成员之间的联系是一项经常性的管理活动。

据此，国际公共关系协会将公共关系定义为：一项经营管理的功能，属于一种经常性与计划性的工作，不论公私机构或组织，均通过它来保持与其相关的公众之间的了解、同情和支持，也就是审度公

众的意见，使本机构的政策和措施与之配合，再运用有计划的大量资料，争取建设性合作，而获得共同利益。

学校公共关系是在借鉴一般公共关系的理论和实践经验的基础上发展起来的，是指学校运用各种传播手段，谋求内外公众的信赖、理解、合作、支持，从而最终有利于实现学校的教育目标的管理活动。

3.有系统地双向沟通

学校公共关系的主体就是学校本身，它活动的全部目的在于激发公众对学校角色及目标的更好理解并努力完成学校任务。学校是育人的场所，它的存在就是为了多出人才，出好人才，实现国家的教育目标。

学校的性质、目标决定了学校的公共关系必须以教育人为最终目标。学校公共关系争取内外公众的支持、合作，树立良好学校形象，提高学校的声誉，获得公众的人力、物力、财力等方面的支持，这些局部的、短期的目标，最后的落脚点只能是有利于尽快培养出更好的、全面发展的合格人才，学校公共关系的价值评判标准只能是这一点，这也是学校公共关系的最主要的特殊性所在。公共关系起源于企业的经营管理活动中，获得经济利益是其重要目的。

学校公共关系是借助公共关系宣传自己，树立自身良好形象，得到社会、组织和个人的理解、配合、支持，以便提供质量更高、效果更好的教育服务，满足人们求知、求能的需要，使人的身心得到和谐发展。

公共关系学是随着我国改革开放的需要，社会的进步，经济的发展，形成的一门新兴的应用性很强的学科，是社会组织为了在公众中树立良好形象，运用传播、沟通媒介和手段，与其公众结成的利益一致的社会关系。

学校公共关系的基本职能

公共关系的基本职能有两个,即协调组织内外关系的职能与树立和维护良好组织形象的职能,学校公共关系也不例外。协调组织内外关系包括有两方面,首先是内部协调,即通过公共关系活动,创造团结和谐的组织条件和良好气氛,形成一个强而有力的集体,使全体成员共同努力,为实现学校共同奋斗目标而奋斗。

然后就是外部协调,即通过积极开展公共关系活动,促进学校与外部公共关系对象的良好互动发展,使之密切联系和广泛合作,为学

校的发展创造良好的外部环境。

协调组织内外关系的职能

1.内部协调

做好内部公众的工作是协调好内部关系的主要方面。具体地说，就是要处理和协调好学校内部教师之间、师生之间、各处室部门之间、学生之间的关系等。

首先要处理好各师之间的关系。教师既承担各自的教学工作，又担负着与其他老师一起引导学生全面发展的任务，更要与内部其他公众合作，共同为实现学校共同奋斗目标而尽力。如果他们之间不能彼此尊重信任，团结协作，密切配合，那么学校共同奋斗目标的实现将困难重重。

因此，学校要努力增进他们之间的交流和沟通，密切其感情，发现和解决他们之间的矛盾与问题，使之能相互尊重、协作和支持。详细地说，学校可以通过组织老师座谈会走访教师家庭，个别谈心等方式来促进交流。

通过统筹安排课时，民主决定有关教师切身利益的事来避免和化解教师之间的矛盾。其次，要协调和处理好师生之间的关系。这是非常重要的一环，要使学生全面发展的目标顺利达成，必须要有良好的师生关系作为后盾。在处理这一对关系时，班主任将起一个桥梁和枢纽的作用。比如，一方面班主任可以通过班会、座谈会等形式把各位任课老师的各种教育教学情况介绍给学生。另一方面，班主任可以把班级和各学生的各种情况介绍给任课教师，使之相互适应，教学相宜。班主任还可以邀请任课老师参加班级其他活动和举行师生座谈。

总之，不断地为他们创造互相交流和沟通的机会，促进他们之间的相互理解，增进感情，有利于良好风气的形成和师生关系的融洽。再者，要处理好各处室各部门的关系。各处室各部门的任务各不相

同，学校要在其分工的基础上通过各种方式加强他们之间的协作。

比如，教务处和政教处，一个主管教学，一个主管思想政治教育，两教的协作对学生全面发展目标的实现是不可或缺的。最后，简单谈一下学生之间的关系。在这里，笔者比较关注正式群体和非正式群体与学校之间的关系。学校必须关注这两种群体的形成和发展。学校可通过教师的工作，了解他们的需求，引导其正面发挥作用，为学校良好的学习教育氛围的形成做出贡献。

2.外部协调

外部协调就是要做好外部公众的工作，也就是要通过积极开展对外活动，促进学校与外部公众的密切联系和广泛作用，为学校实现共同奋斗目标的实现创造良好的外部环境。学校外部公众主要包括学校服务区内有关组织和个人，如关工委、各村组织、各企业、教育有识人士、各学生家长等。这里，简单谈一下如何处理与各相关公众的关系。

首先，关工委以及各村组织包括了许多有识有望人士，学校可以通过与他们的密切联系，请他们为学生开小型报告会，通过他们与民间团体沟通，争取他们的支持和帮助。其次，学校可以创建社区教育协作会的方式，主动构建学校与其他相关外部公众交流和沟通的平台。

在协作会里，学校可以介绍学校的目标、规划和各种发展的设想，甚至是学生和教师的教育教学情况，与他们交流信息，获取他们的理解和支持。其他协作会成员，可以搜集外部公众对学校发展、教育教学状况等意见的信息，反馈给学校，对学校提出建议和意见，协助学校做出各种适宜的发展和规划。

这样的形式有助于学校与社会公众进行良性的交流与沟通，使学校获得最大的理解和支持，形成有利于学校发展的外部环境。

五彩校园文化艺术活动丛书

树立和维护良好组织形象的职能

一个学校有了良好形象,就会更容易获得内外公众的信任和支持,增强发展能力和竞争能力。因此,学校公共关系的另一个主要职能就是为了树立和维护学校的良好形象。所谓的学校形象,笔者认为是学校内外公众对一个学校的全部看法、评价和印象。

它主要包括公众对学校凝聚力、竞争力的评价,对学生表现出的能力、成绩的评价和对学校发展状况、运作状况的评价。在此基础上,我们必须要明白,良好的学校形象是大家共同努力的结晶。树立和维护学校的良好形象,校内每个人,包括教师和学生,都有义务和责任。从这一个意义上说,所有的学校成员都是学校的公关人员。

从另一个方面来说,学校的形象源于学校的表现,是对学校现实状况的评价。因此,学校全体成员更应明白,良好的学校形象是实在干出来的,不是夸夸其谈吹出来的。要确确实实地做好每一件事,时时刻刻努力,不能浮夸,未学会跑就想飞,不能有一蹴而就的想法。

学校公共关系管理的对象

学校组织发展公共关系的工作对象只有一个,那就是公众。公众的定义是这样的,是指与一个社会组织发生直接或间接联系,对该组织的生存和发展具有现实或潜在的影响力的个人、群体和社会团体。学校公共关系的对象就是学校公众,即是指那些与学校有利益关系、相互联系、相互影响的个人、群体、组织。

学校的公众,可以根据不同需要,从学校不同时期的公共关系目标出发,从当时当地的客观条件出发,按不同的标准来分类,比如,

按人口学分类；按性别、职业、教育程度分类；按公众对组织的不同态度分类，等等。

内部公众和外部公众

这种划分的依据是看公众与学校之间有无归属关系，有则为内部公众，反之则为外部公众。

1.内部公众

内部公众是学校的组成部分，主要包括教职员工、学生。教职员工的家属虽与学校没有直接的从属关系，但通过他们的家属与学校形成一种特殊归属关系，是学校的"后院"、"大后方"，他们可以起到稳定或涣散军心的作用，学校的兴衰也直接影响到他们的切身利益，所以，一般将教职员工的家属也列入内部公众之列。校董事会也属于内部公众。

2.外部公众

外部公众包括上级政府领导部门、当地政府职能部门、与学校有协作关系的单位、学生家长、校友、有关学校、当地新闻系统，等等。

首要公众、次要公众和边缘公众

这种划分的依据很明显，那就是看公众对学校的重要程度，依次划分为首要公众、次要公众和边缘公众。

1.首要公众

首要公众是对组织的生存、发展具有重要影响及决定性作用的公众，是组织公共关系的重点对象。学校的首要公众主要包括学生、教职员工、上级领导机关等。

2.次要公众

次要公众是对学校的生存、发展具有一定的影响力，但不是起决定性作用的公众。学校的次要公众与学校联系频率较低，作用力也较小。

3.边缘公众

边缘公众则是偶尔发生联系而作用很小的那部分公众。需要指出的是，首要公众、次要公众和边缘公众的划分是相对的，在不同时间和不同的问题上，首要公众、次要公众和边缘公众是可能相互转换的。

非公众、潜在公众和现在公众

公众的发展一般有这样一个过程：当组织的行为对公众产生了某种后果时，这种后果就会导致公众与组织之间的关系发生由疏到密的变化，依照这一过程，可以把公众分为非公众、潜在公众和现在公众。

1.非公众

非公众是指在学校的视野中，在一定的时空条件下，既不受学校行为的影响，也不作用于学校的个人、群体和组织。学校正确找出非公众，将其排除在公共关系的工作范围之外，可以减少公共关系的盲目性。

2.潜在公众

潜在公众是指那些将来有可能和学校发生这种、那种联系的个人、群体和组织。这些个人、群体和组织已面临着由学校行为引起的共同问题，他们虽然有些还未意识到这种问题的存在，有些已意识到自己与学校面临的共同问题，已对问题产生的缘由、解决方法、今后发展趋势等相关方面的信息产生兴趣，只是并未采取行动寻求问题的解决，但他们以后必定要与学校发生联系。

3.现在公众

现在公众是指已与学校发生联系并发挥作用与影响的公众。学校与他们之间的关系已较明确，互相作用的方式也有一定的格局，是学校公共关系工作应经常注意的对象。

学校公共关系管理的原则

学校公共关系管理是一项涉及人多、彼此有利益关系、工作环节繁多、方法多样的活动，但无论关系怎样复杂，方法怎样多样，有一些基本原则是必须遵守的，如下：

双向沟通原则

双向沟通原则是促进学校和公众相互了解、相互支持的一个有效手段。既重视信息的输出，使公众了解学校的真实情况，又重视信息的反馈，使学校也能准确掌握公众的情况，以双向信息交流方式来开展学校公共关系。

学校公共关系坚持双向沟通原则，既要在学校外部公众之间建立起双向沟通的网络，即一方面利用各种媒介对外传播，使外界认识自己、了解自己、支持自己，另一方面又必须吸取外部公众的意见、建议、信息，将它反馈给学校的决策层，作为调整、改善自己的依据，又要注重对内部公众的双向交流。

即校长可以向教职员工、学生下达指示，传递信息，也允许下属向上反映情况、问题、意见，并要多方收集教职员工、学生的反映，积极听取他们的意见，这样就可能使校内与校外、校领导与下属间相互认同、相互理解和支持，从而形成良好的公共关系，有利于学校工作的开展。

互利互惠原则

在公共关系中，公关主体、公众的行为都是受一定的利益驱动的，没有只是付出或只是得到的单向活动。学校公共关系不仅要维护自身的利益，也要维护公众的利益，这就是互利互惠原则。没有互利互惠，就没有真正意义上的公共关系。学校公共关系坚持互利互惠原则。

1.以社会利益为本

要以社会利益为本，注重社会整体利益。这是说学校在开展活动，追求"自我利益"时要以社会利益为本，把社会利益摆在优先位置。即使学校的教育符合社会主义办学方向，为社会发展服务。离开了社会整体利益这个根本而追求学校局部利益，不仅会偏离正确的教育方向，损害社会公众利益，而且还要损害学校的长远利益。

2.以公众利益为出发点

学校公众是学校的生命，是学校生存、发展的源泉，学校的任何行为应首先考虑是否符合公众的需要，是否能帮助公众解决实际问题，是否会损害他们的利益。只要符合公众的利益，有利于人才培养

的根本目标，即使有些行为、活动暂时对学校不利，学校也应坚持。

3.要积极回报社会

学校公共关系不能只强调公众对学校的同情、理解、支持、支援，是必须积极主动回报社会。即可以充分利用知识、人才、设备等优势，为公众多办点实事，做些好事，尽量主动满足公众的需要，这样可保持学校在社会的长久生命力，争取到社会的长期支持，从学校对公众的"利他行为"转化为公众对己的"利他行为"，从而最终取得利己效果。

诚实守信原则

学校与公众建立良好的关系，要靠平日的积累，不可能一蹴而就。公共关系的魅力就在于以事实为基础，从小事做起。因为良好的公共关系的基础是当事者双方的相互信任，而这种信任的关系要在真诚互助的交往过程中才能建立起来。因此，开展公关工作一定要至诚待人，诚实守信。

学校公共关系坚持诚实守信原则，要求学校公关人员要为人师表不要言而无信、欺骗公众；对事实材料要客观真实地公开，不能故弄玄虚；要敢于正视学校的缺点、不足；认真对待公众的批评、意见，并针对不足加以改进，要让公众体会到学校的诚意；对公众的许诺要坚决兑现，要取信于公众；不要做"一锤子买卖"，给公众留下一个奸商的形象，公共关系是一项持久的工作，"见好就收"、"投机行为"只会因小失大，丢了芝麻捡西瓜，得不偿失。

人人有责原则

公共关系涉及人多、事多、环节多，是团体性的工作，团体中的每一个人都不可避免地处在一定的公共关系中。学校的每项工作和每个人的表现都在不同程度上关系到组织的形象。虽然一些较为重要的活动举办得好坏与否会使人们对学校形成一定的印象，但人们对学校

工作的整体评价和印象是在全体师生员工共同做出持续努力的项目上获得的。

因此，学校公共关系不仅是几位领导或公共关系人员的事，它需要全体教职员工和学生共同努力，共同创造学校的良好形象。

学校公共关系坚持人人有责原则，就必须调动广大教师的公关积极性，培养学生良好的公关意识，使学校的每一个成员都意识到自己有公关的义务。

但由于公关工作是一项艺术性、科学性、专业性都很强的工作，要求人人公关并不是要求学校的每一个人都成为公关人才，而是要求他们认识到自己是学校中的一员，在与外界交往时，处在与外部公众联系的第一线，要注意自己的言行举止给学校带来的影响，在适当的时机，尽己所能为学校做一些公关活动，为学校树立一些美好形象。

学校内部的公共关系管理

学校内部公共关系主要指学校对其组织成员的公共关系，包括教职员工、学生等。学校的组织成员对学校的发展具有至关重要的作用，学校对内部公共关系要加以重视。

对教职员工的公共关系

学校的一切工作都要靠教职员工的辛勤劳动来完成，教职员工在某种程度上决定着学校教育质量的高低、教育教学效果的好坏。他们既是学校教育教学工作的中心人物，又是开展对外公共关系的依靠力

量。创设和谐的学校内部关系，才能更好地调动教职员工的积极性，进而通过他们搞好对学生和对外部的公共关系。对教职员工的公共关系要着眼于以下几个方面。

1. 做好与非正式团体的关系

非正式团体在学校中是客观存在的，也是正常的，学校领导对其应有正确认识，不能对其置之不理。有的非正式团体与学校目标相抵触，有的则有利于学校目标的实现，学校应区别对待。

要将其可能产生的积极作用发挥出来，要尽量减少其消极作用。非正式团体中往往有一些作为代言人并敢于挺身而出的"意见领袖"，他们在非正式团体中有较大影响，学校领导要与这些人保持联系，要尊重他们，在一些重要问题上要诚恳地听取他们的意见，并要求他们配合做好工作。

2. 关心教职员工生活

教职员工除了有较高的精神需求外，也有物质上的需求。伴随着我国全面建设小康社会的步伐，教职员工物质上的需求份额会越来越大。学校领导在对这些物质需要进行正确引导的同时，要力所能及地解决好工资收入和福利待遇问题，要把教职员工的冷暖时刻放在心上，使教职员工感到自己在被关心、被体贴。

3. 及时通报情况

教职员工对学校工作非常关心，一般都有希望了解学校发展情况和现状的要求。如果情况不能及时得到沟通，就可能产生一些猜测，以致出现一些给学校带来混乱的小道消息。学校要抑制那些产生混乱的小道消息，就应经常向教职员工通报情况。

学校的校长室、办公室、教务处、总务处等管理部门应通过开会、墙报、报刊、内部通讯、员工手册、海报、财务报告等传播媒介及时地、真实地向教职员工通报学校的现状、政策宗旨、措施决定等

五彩校园文化艺术活动丛书

内容,尽量地做到校务公开,而且让教职员工充分发表对学校的意见、看法,做到与教职员工能双向沟通。

对学生的公共关系

学生是学校内最庞大的公众群体,搞好对学生的公共关系对学校有着特殊意义。对学生的良好公共关系不仅起着团结学生的作用,而且起着教育学生的作用,它能促进学生对社会的积极理解,也能帮助学生学会与人合作、交往,学会待人接物;同时对学生的良好公共关系也是学校对社区、对学生家长开展公共关系工作最主要、最广泛、最经常的力量。对学生的公共关系主要应注重以下几点。

1.建立良好的师生关系

师生关系是在教育教学过程中形成的。良好的师生关系不仅是师生交往需要的满足,而且它一旦形成就会产生巨大的、无形的教育力量,它可以增强学生对教师的信赖感和对学校的向心力,使学生愿意接受教师传授的知识和价值观念,使教育教学过程带上愉快的色彩。

与某一学科教师有良好关系的学生,对该学科的学习兴趣浓,学习主动,学习效果也好。建立良好的师生关系关键在于教师,要求教师有高尚的职业道德,公正对待每一个学生,尊重学生人格,了解和重视他们的要求,平易近人,积极开展正面教育,抓住学生特点因材施教。

2.尊重学生主要权利

学生是学校的主人,是自我教育的主体,他们有自己的思想、行为,学校应尊重学生的权力。学生的主要权利有:在教师指导下,自主组织活动的权利;参与学校一些学习和生活制度管理的权利;对学校的教育教学、后勤、图书资料管理等提出意见的权利,等等。学生将这些权利看得很神圣,迫切需要教师尊重他们。

尊重他们的权利,会促进他们对学校工作的理解、认同、尊重,

使他们能尊重教师的劳动,增强他们的独立性,提高他们自我教育的积极性。

3.培养学生的公关才能

随着社会的发展,公共关系已深入到各行各业,对组织、个人的发展有着越来越重要的影响。学校作为培养人、教育人的组织,理所当然应有计划、有目的地培养学生的公关才能。学生具备一定的公关能力,不仅有助于学生与教师、与学生之间建立良好的公共关系,而且是学校对外公共关系的力量。

学生是学校数量最大的内部公众,与外界有着非常广泛的联系,学生具备一定的公关能力,只要学生有爱校情感,他们就会主动向社会、家长、校友宣传学校的成就、发展现状,就会自觉维护学校声誉和形象,从而不断扩大学校影响。

学校外部的公共关系管理

学校与外部的关系千丝万缕，随着改革开放，学校的开放程度也越来越高，与外部的联系也越来越多，越来越紧密，学校发展受外界影响越来越大。在现代社会，尽管有些学校有其独特之处，有其可以孤芳自赏的地方，但绝无可能与外界隔开，自觉主动地加强对外公共关系是学校管理的重要内容。

学校外部公众具有层次多、范围广的特点，学校开展对外部公众

的公共关系，应着重注意对家长的关系、社区的关系、校友的关系、上级政府和教育主管部门的关系及学校之间的关系等。

对家长的公共关系

对家长的关系是学校外部公共关系的一个重要方面，对于任何学校来说，家长都是最直接、最敏感，也是最有影响的外部公众。家长在与学校的关系中至少扮演着这样的角色：是学校的客户；是学校教育工作的合作者；是学校工作的评价者和学校声誉的传播者；是学校资源的提供者或中间人等。

家长通过学生与学校联系起来，对学校的发展自然非常关心，对学校的教育、教学、管理等信息也很感兴趣。做好家长的工作，学校工作就获得了有力的支持者和同盟军。对家长的公共关系要取得成效，应注意以下方面。

1. 做学校内部管理

不断提高学校的教育教学质量，把学生培养成合格的人才，是做好学校和家长关系的前提和基础。家长送孩子上学的第一愿望是希望孩子学习成绩好，品行端正，将来有较好的前途。学校要关心、爱护学生，强化内部管理，尽最大努力让学生学有所成，不断满足家长对培养孩子的要求。

2. 与家长加强联系

外部对学校的评价，一般总是来源于学生家长的感受。家长是学生的第一任老师，家长对学生的管理水平和教育方法，直接影响学校对学生的教育教学效果，家长对学校、对教师的态度和评价，又直接影响到学生对学校、对教师的态度和感情，影响学校整体的形象。家长对学校的尊重和支持，有助于提高学校在社会公众心目中的地位和威信，有助于学校教育教学质量的提高。

学校应通过各种渠道与家长进行经常的、坦率的交流和沟通。一

般情况下,家长对自己孩子的成长、前途都非常关心,他们也有与学校联络、沟通的需要。当然,家长与学校联系的出发点是为了自己孩子的健康成长。

学校应从满足家长这一需要着手,引导家长参与学校的教育活动和管理工作,主动宣传学校的目标、计划、取得的成就以及存在的困难,让家长了解学校,向他们宣讲教育科学知识,指导他们配合学校做好子女的教育工作,使他们由被动的客体转变成学校工作积极主动的参与者。学校可通过召开家长会、建立学校或班级家长委员会、举办家长学校、进行家访、开展家庭教育咨询等活动,与广大家长加强联系,增进相互了解,建立感情,从而实现公关目标。

3.正确对待与家长的矛盾

学校管理应严格按照规章制度进行,学校的教育教学活动要遵循教育方针、教育教学规律,集资、学费及其他杂费应按照有关文件规定收取。学校要从严格要求自身出发,处理与家长的矛盾和问题,尤其要注意处理好与家长的经济关系问题。只要学校按要求努力工作,严以律己,就可以减少与家长的矛盾,即使产生一些矛盾,也容易妥善处理。

对社区的公共关系

社区是一个社会学的概念,有广义和狭义之分。这里所讲的社区就是其广义而言的,是指大社区,即聚集在一定地域中的社会群体、社会组织所形成的一种生活上相互关联的社会体系。任何一个社会实体单位都处于两个体系,即行业体系和社区体系之中。

学校属于社会的教育组织体系,与所在社区里的各种组织有机结合,组成社区体系。学校公共关系中所说的社区关系,是指学校与周围同处这个地域的社会团体和其他组织及个人之间的睦邻关系。

良好的社区关系,是学校生存和运转的基本条件之一。社区为

学校提供生源，提供食、住、活动的条件，是学校工作的经常的监督者，学校管理工作的好坏，学生质量的优劣，社区领导和群众都会明断。对社区的依附性可以说是学校发展的一条规律。

同样，作为社区的一员，学校的发展又能促进社区的进步。两者是相互依存的。学校对社区公共关系的基本目的是树立模范居民和模范单位的良好形象，发挥对社区的积极作用，争取与社区领导和群众融洽相处，同时获得必要的支持。学校对社区的公共关系要注重以下几点。

1.参与社区精神文明建设

学校是专门育人的场所、学校的教育代表了社会的要求，相对于社会来说，师生员工的思想作风、精神面貌更受人称道。所以，学校要努力抓好校风、学风建设，开展经常性的精神文明建设活动，模范遵守社区的规章制度，维护社区治安和环境卫生，积极参加社区的公益活动，影响、改变社区的精神风貌，为社区的精神文明建设做出自己独有的贡献。

2.促进社区经济繁荣

学校应根据自身特点，发挥文化优势，积极为社区的经济建设和其他建设服务，努力培养当地经济建设所需各类人才；发挥学校人才优势，为街道、乡镇企业的产品开发、销售出谋划策；学校还可发展校办企业，直接促进社区的经济繁荣。

3.争取社区支持

学校在为社区服务的同时，还要主动争取社区的支持，要经常走出去，向社区公众介绍学校情况，同时也可把他们请进来参与和指导学校活动，让他们了解学校的期望和要求，支持学校的教育教学改革，帮助学校改善办学环境和条件，促进学校全面提高教育质量。

五彩校园文化艺术活动丛书

对政府的公共关系

政府教育部门是学校的调节器。无论从政策和法律的制定与执行上，还是对学校发展规模和方向的管理上，它们都是从事某种协调、指导和规范的巨大的调节器。这种指导、调节和约束的作用不仅体现在公立学校、国立学校身上，而且也体现在私立学校以及其他形式的学校身上。

政府教育部门还是学校经费的主要来源。尽管这些年政府鼓励多种形式办学，但公立学校仍然是我国各级、各类学校的主体；尽管政府倡导多渠道筹措办学经费，但政府仍然是教育经费的主要支出者和管理者。

政府可以通过经济手段直接或间接地对学校施加影响，进行宏观方面的调控。再次，政府教育部门还是学校其他物质资料的保障者和供应者，同时也是学校人事、招生、分配的主渠道。

所以，学校应采取切实的公关手段和措施沟通、协调与政府的关

系，使之随时掌握学校教育活动的情况，及时给予指导和帮助。学校在对政府的公共关系中应注意一些方面的问题。

1.要采取主动合作的态度

学校在宏观上自觉接受政府教育部门的指导和管理，恪守政府的有关政策和法令。学校即使有较大的自主权，校长有人事权、财经权、决策权，但对上级的指示、决定要认真领会、执行，尊重上级，配合上级人员对学校的检查、监督工作；学校的各项措施、行为应从所在地区政府教育部门全局着眼，多体谅上级的难处，要摒弃小团体思想。

2.与政府教育部门沟通情况

学校领导人要充分了解政府机构，特别是教育行政机构的设置、职能结构、工作范围和办事程序等，与教育主管部门的工作人员保持经常性的联系和接触，按照职责范围和办事程序及时向他们报告本校的情况。

这些情况包括人员变动、重大决策、各项成就、自身不能解决的问题等，提供信息，提出建议，并通过自身的活动影响政府决策，或通过与一些人大代表、社会贤达、社会名流、专家学者等权威人士的接触、交往，由他们去影响政府，争取政府支持。

3.加强与政府主管人之间的联系

与政府教育部门的良好的关系，往往始于良好的人际关系，其中最主要的又往往是学校主要领导人与政府主管人士之间的关系。学校领导应加强与主管领导的联系，要充分利用学校的重大活动，如开学典礼、毕业典礼、校庆、大型体育活动、文艺演出、教学观摩活动、教育科研成果展览等机会邀请政府、教育部门领导参加。通过活动接触，使他们了解学校情况，关心和支持学校工作，同时也增进与学校领导个人之间的情谊和信任。

五彩校园文化艺术活动丛书

对媒介的公共关系

媒介一般是指社会上的新闻机构和工具，主要包括报纸、广播、电视、通讯社等。新闻媒介是学校与社会联系的重要渠道，对宣传学校起着举足轻重的作用。新闻界的公众包括记者、编辑、节目主持人等。

这类公众对于学校来说，具有双重意义：一方面，他们是实现公共关系目标的重要媒介；另一方面，他们又是学校必须努力争取的公众，也是一种必须厚待的特殊公众。

对于这些公众，学校不能只从利用对方出发，而首先应与他们交朋友，从为帮助对方完成采访任务来考虑，了解他们的职业特点，尊重他们的个性和人格，熟悉与他们交往的原则和方法，及时向他们提供报道线索，提供有价值的新闻素材，配合和协助他们完成宣传任务。只有这样，才能保持与媒介的良好关系，才能不断争取媒介对学校工作的积极支持，从而能更有效地实现学校工作目标。

学校公共关系的利益管理

学校管理的目标是为了取得好的效益,而办学效益的高低与学校现有经济利益的多寡以及获得未来经济利益的能力大小密切相关。因此,学校的一切工作都必须包括维护学校的经济利益并尽力获取更多经济利益等内容。学校公共关系作为一项重要的管理职能活动,自然也不例外。

所以,学校公共关系工作不仅仅具有传统的信息采集、咨询建议、塑造形象、搞好传播和协调关系等职能,而且还应该包括一项新

五彩校园文化艺术活动丛书

的重要职能——维护和获取经济利益。

维护和获取经济利益职能的依据

首先,维护和获取经济利益应该是学校公共关系工作的职责。中小学校要发展和可持续性地发展,就必须在保持既得经济利益基础上,占有更多的经济资源或获得更多的经济利益。学校任何部门、个人都必须维护学校的经济利益,并在力所能及的范围内发展学校的经济利益。

学校公共关系工作也应担负这一职责,因为学校公共关系作为学校管理的一项职能活动,其目标是与学校管理总目标相一致并为其服务的。而且公共关系的根本目的,就在于维护学校已经取得的利益,并发展学校的经济利益。也就是说,学校公共关系工作的职责自然应该包括维护和获取经济利益。

1.公共关系工作能够维护学校的经济利益

学校的经济利益既包括学校教育服务的收入如:财政补助收入、上级补助收入、事业收入,又包括经营收入、社会捐赠、投资收益等非教育服务收入。无论是教育服务收入还是非教育服务收入,都需要保持,即需要通过各方面的工作,尤其是公共关系工作维持现有的收入水平。因为一方面,学校与政府、教育行政部门、社区公众和其他组织和个人的良好关系,能保证学校有稳定的生源和收益。

例如,学校公共关系工作能消除家长的误解、偏见、担忧,使他们能放心地将孩子送到学校,使学校有稳定的教育服务收入。另一方面,通过公共关系工作还能维护学校的经营活动利益。由于我国的教育投入与教育规模和发展之间,还存在着较大的差距,从事经营活动已经成为学校获得教育经费补充的重要途径。

学校公共关系工作通过"内求团结、外求发展",能为学校创造一个良好的内部环境、和谐的人际关系、奋发向上、团结协作的精神

和外部环境。这种良好的公共关系状态能给学校教育服务和经营活动的顺利进行打下很好的基础，对学校在这两方面的经济利益起维护作用。

2.公共关系工作能够获取未来经济利益

公共关系通过与学校公众的交往、沟通，能使学校公众对学校有全面、正确的了解，使他们对学生产生好感。对于学生家长公众来讲，学校的教学质量、声誉、学校精神等是他们选择学校时考虑的主要因素。

同时，学校公共关系工作还能密切学校与教育行政部门的关系，争取教育行政部门对学校的教学教育工作予以各方面的支持，包括拨款、政策等。学校公共关系还可以促使社会将资金、物质资源投入到学校。因此，学校公共关系能获取与教育服务有关的经济利益，使学校的办学效益提高。除此之外，学校公共关系还能直接为学校获取未来的经济活动的各种利益，如通过公共关系工作发展更多的客户，获得贷款等。

综上所述，学校的公共关系工作具有维护和获取经济利益的功能，而且也应该成为学校公共关系的职责。当然，工作职责是由于授权或目标分解而形成的。因此，学校公共关系工作或人员是否有这项职责，就完全取决于领导对学校公共关系工作的认识以及授权了。从中小学校的情况来看，学校公共关系工作实际上已经在行使这一职责了，只不过在理论上还没有将维护和获取经济利益确定为职能而已。

维护和获取经济利益职能的内容

现代公共关系工作具有极强的功利性。在市场经济条件下，无论是教育服务还是经济活动，都必须动用公共关系手段，以保证经济收益的长期性和稳定性。

例如，学校公共关系人员对上级政府及主管部门、知名人士、企

业家、家长、投资者、潜在的捐资助学者的公共关系工作，就不仅仅是为了塑造良好拨款、招生名额、捐款和生源，即努力获得更好的经济利益。

学校公共关系维护和获取经济利益的职能包括两个方面：一是维护学校现有经济利益；二是获取未来经济利益。中小学校正在从事的教育服务工作和经济活动的经济收益就是学校的现有经济利益。这些经济利益的保持一方面需要有坚实的质量保证，另一方面也必须要有卓有成效的公共关系工作。

在维护学校的现有经济利益上，学校公共关系工作的主要任务是：

1.宣传学校的教育服务

学校的教育教学是一项复杂的社会服务工作。学校教学质量高、学生品德高尚、身体和心理健康是学生家长放心并赢得家长和社区公众信任的关键。学校公共关系工作的任务，就是推销自己的高质量服务，以保证现有生源并吸引越来越多的生源，由此而获得合法的经济收益。

2.维护校办产业的经济利益

由于校办产业普遍规模较小，一般不可能像其他企业一样拥有自己的专门的公共关系部门和人员。因此，维护其已经确立的经济利益，也是学校公共关系工作的一大任务。学校在这方面的工作主要应集中在宣传校办产业产品、维护校办产业声誉、保护无形资产如商标、商誉等不受侵犯。

与此同时，学校公共关系还可以在获取未来经济利益上发挥重要作用。学校的未来经济利益可以划分以下几个方面：

（1）获取政府及教育行政管理部门的政策而可能得到的经济收益。

（2）扩大教育服务对象而能给学校带来的经济收益，如学校扩大

招生、其他联办教育服务的收入等。

（3）国内外组织和个人的捐资助学款项、物资。

（4）金融信贷融资。

（5）社会组织和个人提供的免费性或优惠性质的场地、实习场所等。

（6）校办产业的合资者和潜在用户。学校要发展，就必须具备获取未来经济利益的能力，否则就很难实现可持续性发展的目的。学校的公共关系工作无疑可以在这方面发挥重要作用。

将维护和获取经济利益确定为职能的意义

将维护和获取经济利益确定为学校公共关系工作的职能，对于学校有重要的意义。

将维护和获取经济利益确定为学校公共关系工作的职能，能充分发挥公共关系工作在解决学校经费问题上的作用，为学校的发展作出更大的贡献，从而使学校更加重视公共关系工作。

我国基础教育的办学经费不足是制约中小学教育发展的大问题。许多中小学校由于没有将维护获取经济利益作为公共关系工作的职能，而使学校的公共关系工作没在获得经济利益上有大的作为。将维护和获取经济利益确定为职能，能展示公共关系工作在这方面工作中的特殊作用。

将维护和获取经济利益确定为职能，对于减轻学校校长的工作负担、使学校领导能用主要精力抓教学有现实意义。学校部门设置和人员配备的主要原因之一，就是减轻校长的负担，使校长能有更多的时间和精力来抓教学质量。

有人随机对某县22所中小学校长进行一个调查，发现校长们"经常为改善办学条件、改善教师待遇、筹集资金而奔忙"。这说明，在现阶段，相当多的中小学校长不是在抓教学质量，而是在亲自做为学校获得经济利益的工作。

尽管在实践中的确有不少这方面的事务需要校长亲自办理,但是公共关系人员能够在很大程度上将校长的工作承担下来,减轻其负担。

将维护和获取经济利益确定为学校公共关系工作的职能还有利于学校某些类型无形资产的形成。无形资产是一种珍贵的资源,指中小学校占有或者使用的不具备实物形态的各种经济资源,包括权利型、非权利型、资源型、形象型和关系型。

无形资产的形成,与学校公共关系工作有直接的联系。学校公共关系工作通过协调内部关系、改进教育教学服务质量、校园文化建设、学校形象策划、学校形象宣传、学校形象维护等工作,能极大地促进学校形象无形资产的形成,使学校公众信任学校、爱护学校,从而给学校带来生源、捐助等经济利益。同时,学校公共关系还能直接形成学校的关系型无形资产。学校外部公共关系的重点之一,就是与公众建立、保持和发展良好的关系。

其中,学校通过公共关系活动建立的与政府及教育行政部门公众、与国内外学校、企业、知名人士以及其他社会组织、机构和个人的特殊联系,不仅是学校发展的重要条件,而且也是学校获得经济利益的重要途径。

学校公共关系的管理成效

学校是社会大系统中的一个子系统,存在着老师、学生、社会家长的多重人际关系。良好的人际关系是工作中的润滑剂、良性的催化剂。平时工作中大家都注重了师生关系的处理,还有教师内部人际关系的协调、学生正式群体和非正式群体的关系处理,等等。

但如何从学校这一特定时空出发,依据社会公共关系学的有关原理,运用信息传播等手段,妥善处理好上下、左右、内外多种关系,为组织树立良好形象,从而得到公众的理解、信任、支持与合作而进

行的一种管理职能活动却不被很多学校管理者和教师所重视,然而它却有着很实际的意义和价值,能使学生各项工作如鱼得水,即使工作中遇到一些困难也往往能柳暗花明。

某校根据学校实际从公共关系着手,将之作为切入口,为创新教育创设出一种宽松优良的内外环境。下面从学校公共关系中内功与外功、群象和个象等方面谈谈认识和实践经验。

练好内功与外功

1.内功好坏,主要看质量

质量是立校之本,也是树立学校良好形象的依托和根据。只有内功扎实,自己才会底气十足也才能让人信服。如果不练内功,只做表面文章,那是立不稳脚跟的,于是我们根据学校实际提出"把握时机、负重奋进、博采众长、后来居上"的口号,确立"重质量、树形象、抓素质、育人才、创名校"的办学方针。简单地说就是"内强素质、外塑形象"。因为只有师生具有良好的素质,才能得到社会支持和好评,才能发展到外塑形象,因此要形成良好的学校公共关系,内强素质是基础,外塑形象是关键。

(1)内强素质。主要从教师、学生两方面着手,首先是教师的素质提高。教师的业务素质提高主要做到"统一规划,分层提高"。根据学校近中远期发展规划,制定教科研工作计划和青年教师培养计划。

一方面有计划地安排教师参加各类业务进修,接受继续教育,不断更新知识。该校借鉴其他学校做法,结合该校实际,出台了大专、本校函授报销规定。如本科报考对象应具备:县级以上教坛新秀、县级以上先进、县级以上课题主要承担者等条件。这样既消除了一些教师的不平心理,也指明了教师努力方向,引导教师在加强自身提高同时要搞好本职工作。指挥棒的作用使青年教师积极朝这方面努力。有的组员积极申报县级课题,有的整理修改文章争取发表。

第二方面是有计划安排教研活动和课题实验，让教师在活动中锻炼、在科研中成长。学校每学年开展"三、三、二、二、一"活动。即三个活动周：新教师汇报周、教坛新秀观摩周、高级教师示范周。三个评比："优质课评比"、"一对一"评课评比、论文评比。二个教科研培训项目：专题的教科研知识讲座和专家报告、教科研知识考查。一次汇报：一次读书报告会。

其次是学生素质的培养。学生质量的高低往往是公众评判一所学校办学声誉的主要标准，而学校往往也总是通过它的产品即学生的质量来争取公众，从而取得他们对学校的信任和支持的。

该校通过创县、市文明单位，市行规达标学校，市卫生先进学校，省无烟先进单位等活动，有计划、有步骤组织教育活动，规范行为，培养良好的思想品德。做到面向全体，全面发展。课内重效率，课外重活动。

创造条件让学生个性特长充分发展。构建丰富多彩、生动活泼的活动课程，成立合唱团、武术队、器乐组等，举办艺术节、读书节、体育节和科技节。评比十大小书法家、十大小画家、十大校园小歌手、校园小能人等。

此外，各种各样的班队、节假日活动、科技活动以及小记者活动、"口下留钱"小银行储蓄活动、快乐十分钟游戏活动，等等，丰富了校园生活，取得了理想的教育效果，全面培养了学生素质。

（2）外塑形象。教师和学生素质的不断提高，使该校有了本钱去宣传、去公关。学校公关源之于教育竞争的客观需要，以求实的态度以形成、加强或改变舆论。从学校与环境交互作用出发，该校把握实际需要，运用各种沟通和交际方法，广交朋友、广结良缘、协调关系、缓和矛盾、化解冲突，为学校组织和发展创设一个"人和"的舆论环境。通过一系列的方式和途径，把学校形象适时、有效地推向公众、推向社会。

外塑形象过程中该校细心处理好五个关系。首先是处理好政府、教育管理部门及社会各界的关系。学校召开教育恳谈会请他们指点迷津，大型活动邀请他们参加，加大传播力度，增大舆论强度，提高舆论效益。

其次是处理好交警、城管、文化等有关部门关系，整治校园周边环境，如与交警中队开展共建文明共建活动，少先队员送茶水给校门口值勤的民警叔叔，为交警中队打扫卫生。民警则几年如一日，护送学校安全过马路。

第三是处理好与新闻传播媒介的关系。与报社、电视台的编辑记者经常保持联系，定期给他们提供有关信息资料，主动邀请他们参加活动，利用传播速度快、覆盖面广的特点，充分发挥新闻传播媒介对塑造学校形象的重要作用，并通过他们舆论督促有关部门解决学校及教师的困难。

第四是处理好与家长的关系。家长最关心学校的形象，最注意媒介对学校的报道，在他们中间最容易形成有关学校形象的舆论。我校十分重视处理好同家长的关系。真正树立服务意识，适应和满足家长合理需求，想其所想，急其所急。创办家长学校指导家庭教育。成立班级、校级家委会，请他们参与办学，参与管理。召开家长座谈会、举行家长开放日、"家家乐"等活动以及公开课、橱窗陈列、环境布置等实像传播，定期刊出"五彩路"校刊，报道校园新闻，刊出师生文章，让他们更加了解教师，了解学校，激发对学校的兴趣和好感。

第五是处理好与社会、村居的关系。几个学期来，与本施教区的百有、沿河居民区共建文明街，开辟街心花园环保环境基地。通过"你丢我捡"、环保知识宣传等活动，把良好校风带向社会，以实际行动获得社会认可。

在练好"内功"的同时练好"外功",不但有助于形成和谐健康的人际关系,提高社会的文明程度,对社会发展起促进作用。而且通过信息的传播和反馈,使学校的工作更能适应环境,并使环境适应自己,促进教育质量和效益的提高。

树立"群象"和"个象"

开展学校公关的目的无疑是为了在公众心目中树起学校校风、学风、环境、质量等要素的群体形象,但这种形象是学校的一草一木和一人一物构成的,即群象是由个象构成,每位教工,每个学生的一言一行都直接影响学校的公众形象。所以我们不但要在学校的整体活动中展现自己的整体形象,而且注重全校师生素质的全面提高,增强每位师生"我是'五小'人"的光荣感和责任感。使每个人都意识到自己的点滴成绩和失误都会给"五小"的公众形象上增光或抹黑。

1.调整布局

校园环境是一所学校的"门面",是构建良好学校形象的基础工程,在塑造学校群体形象过程中,该校从大处着手,重新规划布局,拆建老校门和幼儿园,搬迁门口停车场,兴建现代化综合大楼,兴建大型花坛,设计移动花架,种植大面积草坪,布置书画走廊。

2.活动展示

积极把握外出活动机会,强化精品意识,凡开展活动坚持一个宗旨,是"要做就做好,不做就放弃"。于是在校内外参加师生大合唱、大游行、六一汇演等活动中,在确保质量的同时,十分注意服装、仪表、言行等方面细节。如在庆祝建国六十周年历时三个小时大游行中,所有单位职工和学生到了游行终点都自动解散队伍。而该校钢管乐队的学生和老师却自觉地列队,拿着沉重的钢管乐器,整齐地回到学校。

3.领导垂范

古人云:"其身正不令而行,其身不正虽令不从",可见领导者的个人形象很重要。学校带头人校长提出"向我看齐"的口号,坚持每天来得早,归得迟,行得直,坐得正,以自己模范行为影响和带动全体教师。如为学校综合楼捐资活动中领导班子带头捐资。这样就会使得广大师生家长深为感动,积极响应。

4.规范行为

言行是师生思想品质的外部表现,师生的言行举止与学校形象息息相关,应注重个象塑群象,塑好群象利个象。该校要求师生从平时做起,从小处做起,从我做起,要求学生做到的教师一定要先带头做到。

如师生共同做到推车进校园,师生每周一统一着装共同参加升国旗仪式,师生坚持每天佩戴校徽,全校开展做文明学生,创文明班级、文明办公室,树文明校风系列活动,全体教师大力推行教学文明用语,禁用教学忌语。提倡热爱差生,通过评比师德标兵等活动,全面推动师风师德建设。教师的言行产生潜移默化的作用,教育影响了广大学生,促进了良好行为规范的形成,树立了师生整体形象。

学校形象塑造与公共关系

随着社会对教育事业发展需求的进一步提高,教育改革的不断深化,学校面临着整体提升办学质量和水平的挑战。求生存,求发展,是每所学校都面临的现实问题。无论城镇学校,还是农村学校,无论是基础较好的重点学校,还是基础较差的一般学校,都需要在竞争中巩固发扬自身优势,形成自己特色,使自己立于不败之地。

塑造学校形象,是推动学校自主发展的重要策略。它是用提升师生员工的整体素质来提升学校形象,用学校整体形象来增强学校的

综合实力和竞争实力。良好的学校形象不仅可以为学校创造发展的契机，而且，还可以为学校增强教育能量，为学校改革与发展提供持久动力。

塑造学校形象是自主发展的要求

学校要适应现代化教育发展的需要，追求个性化的自主发展，就要认真分析社会、家长的需要，学校现实的优势条件，重新审视原有的办学思路和办学思想，确立新的办学思想和发展策略。学校形象是我们必须认真关注和加以塑造的。

1.社会发展，要求学校有必须有良好的形象

现代社会的发展对学校教育提出了更新、更高的要求。面对日趋激烈的竞争形势和社会的飞速变革，社会对学校教育的认识也在发生变化，家长由注重学生的升学考试，到追求学生的全面发展、个性发展、特长发展；由只需满足学生学习知识的基本需要，到注重学校的育人环境，形象特色。

因此，社会家长在评价学校，选择学校的时候，学校形象会在他们心中占有很大的份量。良好的学校形象会使学校在家长心目产生积极的心理倾向，会增大对学校的信任度和美誉度。

2.塑造学校形象有助于学校发挥内部优势

塑造学校形象要以现代教育思想和管理理念为指导，决策规范学校发展。在塑造学校形象过程中，首先要分析学校在所处的现实的环境和条件、可利用的资源优势、社会需求等，进而规划设计学校的发展思路，明确办学思想和目标。

有了明确的办学指导思想和目标，就可以凝聚大家的智慧，心往一处想，劲儿往一处使，上下同心，推动学校的发展。其次，塑造学校形象的实施过程中要整合优化学校资源，打造学校文化环境，规范师生言行，调动一切可以调动的积极因素，充分发挥学校内部的各种

优势，从而促进学校各项工作的整体优化，促进学校向前发展。

3.塑造学校形象有助于形成外部优势

现代教育是一个开放的充满竞争的体系。任何学校的发展都离不开它所处的社会环境，离不开外界的支持。良好的学校形象，往往能够获得社会的认可和政府的支持。获得社会认可的学校生源充裕，筹措资金方便，优秀人才趋之若鹜，学校发展蒸蒸日上。学校形象的塑造，可以提高学校的质量和声誉，扩大对社会的影响，从而引起社会各界对学校更加广泛的关注、理解和支持。好的外部环境，可以有力地推动学校发展。

塑造学校形象是自主发展的过程

1.明确学校发展的目标与思路

学校形象是各构成要素的有机组合，是学校校风、教风、学风的集中体现，是学校文化、学校精神的结晶。塑造学校形象的根本目的是促进学校发展。为推动学校的发展，就要重新审视学校原有的办学思想，客观分析现有各种资源的优势、劣势，找准学校的发展目标，确立新的办学理念和思想。

某校是一所平原农村学校。长期以来，学校管理松散，办学基础差，在社会上声誉不佳。这样的一所学校，如何走出困境，如何求得发展？我们在认真分析学校现状及主客观因素的基础上，确立了"外塑形象，内强素质；求真务实，追求卓越；全面发展，办有特色"的总体工作思路。明确了"规范学校管理，改造学校环境"的工作目标。在实施塑造学校形象过程中，我们找到了学校发展的突破口，明确了学校发展的指导思想。使学校各项工作和面貌在短短的一年中就发生了翻天覆地的变化，在社会上产生了积极的影响。

2.建章立制，提高学校规范化管理水平

学校组织形象是学校形象重要的构成要素之一。一个学校有没有

发展,在社会上有没有美誉度、信任度,很大程度上取决于学校内部管理,也就是学校的组织形象。针对学校管理涣散的问题,我们下大力气狠抓学校的规范管理,完善学校的各项规章制度,建立评价奖惩机制。通过制度规范师生言行,培养文明习惯,改变工作作风。在实实在在的工作中,我们逐步树立起了良好的干部形象、教师形象、学生形象,也使我们学校形象得到了改观。

3.凝聚人心,提高教师队伍素质水平

学校形象可以对师生员工起到教育、凝聚、激励作用。学校形象中所体现的办学理念、价值目标、行为方式以及文化氛围,无疑都会对师生员工的精神世界起找着无形的陶冶和有形的教育作用。

良好的学校形象能够强化学校内部的凝聚力,使教职员工和学生能够自觉地实现与学校的心理认同,从而能够加强学校的向心力,有利于学校内部的团结统一;良好的学校形象还能够强化学校内部的行为规范,对师生形成一定的约束力,从而有助于形成良好、健康的学

校群体氛围，有利于加强学校的管理。通过制定规范教师形象要求，可以促进教师严格自律，加强学习，提高自身素质和职业道德修养。

4.设计展示学校形象，推动学校发展

塑造学校形象，必须要重视学校外部形象的设计和学校形象的宣传。学校形象的设计，首先要培育校园文化，提高学校环境的文化品位。校园文化的建设要充分体现教育性、艺术性和个性相结合的原则，努力做到教育性与个性的完美结合。其次，加强学校视觉识别系统的建设，如校徽、校旗、校歌、校服、标准色等，提高学校美誉度。再次，是学校的建筑布局和环境布置。学校的建筑布局体现一所学校的审美价值，浑然一体的建筑风格也能起到形象识别的作用。学校环境的布置是基于学习的基本设施用绿化美化去体现学校的精神追求。如报刊栏、主题雕塑、教室办公室的陈设等无不体现着学校的审美追求和精神风貌。

学校形象的塑造，还必须通过各种形式和手段来宣传展示，如家长会、公益活动、传播媒介等，扩大学校的影响力，放大学校的知名度，使学校的办学得到社会民众的支持和帮助，从而推动学校健康的发展。

塑造学校形象是推进发展的出路之一

1.分析社会需求，确定思路

塑造学校形象要结合本地区社会发展的需要和学校发展需要，因时因地来确立。因为学校与社会有着千丝万缕的联系，在这种互动的状态中，要深入分析社会和家长正在发生的教育需求变化。塑造何种学校想象，如何塑造？都要受到本地区经济、社会发展的制约，都要受到学校本身基础的制约。学校形象的塑造既要符合本地区社会对教育的需求，又要符合学校实际发展的需要。

2.围绕目标,精心策划组织

塑造学校形象是一个系统工程。学校形象本身是多种要素构成的集合体,是学校综合势力和整体面貌的体现。这里既包括内在的,又包括外在的。因此,在塑造学校形象过程中,要以学校发展的目标和总体思路为核心,围绕核心,制定周密的计划,并精心组织实施。

3.广泛发动,师生共同参与

学校形象塑造,是一个全员参与的过程。从制定计划,到实施落实,都需要学校师生员工的共同参与。只有大家共同努力,才能树立起良好学校形象,也才能真正起到推进学校自主发展的作用。

4.确定重点,分阶段实施

根据学校基础及实际发展的需要,塑造学校形象,要分阶段,分步骤实施。比如学校还处于需要规范阶段,那么实施重点就要以规范树形象。在规范的过程中创出特色,那就要以特色立形象。

5.密切联系社会,强化对社会的服务功能

良好的学校形象是宝贵的无形资产。学校形象好,容易获得学校成员的认同、家长的信任、社会的支持,可以优化、拓展学校生存、发展的空间,赢得更多的发展机遇。学校有教育和服务的功能,教育的目的还是要为社会服务。所以,学校发展要依托社会,依托社区,密切和社会的联系。学校发展要建立在服务学生、服务家长、服务社会的思想基础上。当社会家长真正看到学校为他们带来益处的时候,人们会热情地支持学校发展的。

学校形象塑造与自身发展

　　随着我国社会主义市场经济体制的建立，在市场运作和企业管理过程中，无形资产的概念逐步为人们所接受。所谓无形资产，一般是指由特定主体控制的，不具有独立实体，能对生产经营和服务持续发挥作用并能带来经济利益的一切经济资源。

　　在激烈的市场竞争中，企业所依托的除了机器、厂房、资金等固有资产之外，无形资产对于企业运行的作用越来越明显，它在企业资产中所占的比重也越来越大，成为关系到企业生存和发展的重要资源。

企业管理的成功经验对于学校管理无疑具有借鉴作用。但是，长期以来，在我国学校管理的实践和研究中，人们往往关注学校的人事、财务、教学、学生等行政事务的管理，而对学校的声誉、社会影响等却重视不够，认为它们不属于学校管理的范畴。

如果借用企业无形资产的观念来分析学校的运行过程，可以发现学校办学过程中的许多东西都与无形资产有关。

如学校的名称、专用标志、特许招生权、特殊的教学方法和教学技术的创立、编写的书籍和数据的知识产权、大师和名生的社会影响力等，这些都是学校经过长期的历史积淀而形成的，都是学校宝贵的无形资产。

从学校与社会的关系来看，学校无形资产构成特定的学校形象，因此，加强对学校形象的研究和管理，理应成为现代学校经营的重要内容之一。

学校形象管理提出的社会背景

当前，在学校管理研究中，提出学校形象管理问题，并不仅仅是对企业管理方法的简单借用，而是有着深刻的社会历史原因。

1.加强形象管理是体制转换的必然产物

在我国实行单一的计划经济的时代，教育部门长期以来是国家计划重点控制的部门之一，学校的招生、学生的分配、教职工的选配、教育经费的调拨、学校的建设等，均由教育行政部门按照国家指令性计划统一安排，学校没有丝毫的自主权。

这时的学校就如同国家教育大工厂中的一个车间，校长如同车间主任，学校的任务就是按照国家计划的要求，对一个个人才的"毛坯"进行加工，学校关注的是"加工"的过程是否符合国家规范，至于"原料"的来源、资金的筹措、加工好的"产品"是否符合社会需要等，均不在学校的考虑之列。

学校管理在一定程度上与社会隔绝，主要进行相对封闭的内部管理，校长的任务是使学校内部的运行规范有序，而学校的发展主要取决于国家计划，取决于上级教育行政主管部门对学校工作的支持程度。

因此，这种情况下，学校领导对外开拓的工作重心在于搞好与上级教育行政主管部门的关系，尽可能多地获取他们对学校工作的支持，至于学校形象如何对于学校发展的意义不大，学校也没有进行形象建设的现实需要。

教育是推动社会进步和经济发展的重要因素，教育的发展与社会和经济发展密切相关。在我国社会主义市场经济体制逐步建立的过程中，建立与社会主义市场经济相适应的教育管理体制已成为教育界的共识。

教育是一种投资行为，教育发展要在一定程度上引入市场机制，通过市场调节手段对教育资源进行重新配置，这些观念逐步为社会各界所认可。在新形势下，我国教育管理体制开始发生重大变化。

《面向21世纪教育振兴行动计划》指出：要"认真贯彻国务院对于社会力量办学实行'积极鼓励，大力支持，正确引导，加强管理'的方针，今后，基本是以政府办学为主体、社会各界共同参与、公办学校与民办学校共同发展的办学体制"。

《中共中央国务院关于深化教育改革全面推进素质教育的决定》对我国教育体制改革进行了全面规划，明确规定要进一步扩大地方和学校的办学自主权，要"进一步解放思想、转变观念，积极鼓励和支持社会力量以多种形式办学，满足人民群众日益增长的教育需求，形成以政府办学为主体、公办学校和民办学校共同发展的格局。凡符合国家法律法规的办学形式，均可大胆试验。在发展民办教育方面迈出更大的步伐。……要因地制宜制定优惠政策，支持社会力量办学。"

这些政策措施的实行，使计划经济时代单一的政府办学体制发生

变化，社会各界拥有了办教育的权力，办学的积极性空前高涨，企业办学、社会团体办学、中外合作办学，以至于私人办学等现象越来越普遍，民办学校、民办公助等各种形式的学校越来越多，呈现出百花齐放的办学局面。

这表明，国家正在更多地运用市场调节的措施来进行教育管理。在这样的时代背景下，学校管理必然由内部延伸到外部，必然要学习和运用市场经济的手段来管理学校、参与教育市场的竞争，学校形象管理的需要也就应运而生。

2.是学校管理方式变化的必然结果

教育管理体制的改革，必然出现学校投资管道的多元化。我国是穷国办大教育，国家不可能提供充裕的教育经费，经费不足一直是制约学校发展的重要因素。

由于国家鼓励社会各界投资办教育，教育的投资管道由单一的政

府投资开始向多元化的方向发展，这就为长期困扰学校的经费问题提供了解决的途径。

民办学校的办学资金由社会各界自主筹措，合作办学的学校则由合作方共同出资，即使是公办学校，除了政府投资之外，也千方百计地寻求社会资金的资助，用于弥补国家下拨的教育经费缺口，以维持学校的正常运转，或用于学校建设和提高教职工的福利待遇。

因此，各种类型的学校都使出浑身解数极力向社会筹集资金，争取社会资助也就成为学校发展的必要条件和评价学校领导工作的重要指标之一。

资金来源的变化必然带来学校管理方式的变化，因为参与管理是投资方的基本权力之一。目前，公办学校的管理虽然还是以教育行政部门管理为主，但也出现了一些新的变化。

如《教育法》明确规定：学校校长是学校的法人，有独立的办学自主权，尽管这在现实中尚未到位，但向此方向发展的趋势是显而易见的。

民办学校的管理方式多样，企业投资办学多受企业化管理方式的影响，合资办学则董事会在学校管理中起着重要的作用。这些新情况的出现，使得计划经济体制下传统意义上的学校管理发生了新的变化，学校的行政、教学、财务管理等都出现许多新的变量，迫使人们更多地研究、选择新的适应市场经济体制需要的学校管理方式。

3.是学校办学过程公开化的必要举措

由于办学体制和投资主体的变化，社会各界或作为投资者或作为教育服务的购买者，自然具有对学校办学情况进行监督的权力，因而对学校办学过程的关注和参与的程度日益加深。由于计划生育政策的实行，现在的学生大多为独生子女，家长对子女的教育问题均十分重视，参与学校内部事务的意识非常强烈。

而且，由于现代传媒技术的发展，社会信息的流通更加迅捷，教育作为社会关注的热点问题，学校办学过程中的各种事件就成为各类新闻媒体报道的重点，关于教育的新闻在各类媒体中比比皆是。这就使得学校的办学活动由相对封闭走向公开化，学校越来越处于整个社会的监督之下办学。

社会化的办学必然导致教育质量评价的社会化。在计划经济时代，学校的教育质量主要由教育行政部门来评价。随着我国教育体制改革和人事制度改革的深入，除了义务教育阶段和普通高中之外，其它各种类型的学校现在基本都实行缴费上学、自主择业，国家不包毕业分配，学生毕业后直接进入人才市场寻找就业岗位。

学校直接面向社会、面向人才市场，学校的教育质量必须接受社会的检验，必须通过学生的就业状况来衡量。

对学生今后就业的关注也直接延伸到义务教育阶段和普通高中，对其教育质量的评价也逐步社会化。而且，随着素质教育的全面推行和基础教育课程改革的深入发展，对学校教育质量的评价指标也逐步由单一走向多样，学校的评价问题更加复杂化。

综上所述，我国教育管理体制的变化使得学校由原来的教育行政部门的附庸或下属单位，越来越成为面向社会、自主办学的法人实体；学校办学环境的变化给学校造成了极大的生存压力，迫使学校顺应形势，积极引入市场经济中行之有效的运作方式来加强学校的管理。因此，进行学校形象管理，已成为教育竞争日趋激烈过程中学校一种必然的战略选择。

学校形象构成及其管理举要

形象是一个在现代社会生活中频频被人提及的概念。什么是形象？《现代汉语词典》指出：形象"是能引起人的思想或感情活动的具体形状或姿态"。我们认为，这仅是对形象的一种静态解释。如果

从动态的角度：从人们对形象认识的过程来看，任何认识活动都是认识主体和客体相互作用的结果，因此，我们应该从主客体统一的角度把握学校形象的概念。

一方面，形象不会凭空产生，形象总是源于认识客体"具体的形状或姿态"，学校形象源于学校自身的表现，良好的学校形象有赖于学校良好的工作。

另一方面，形象的确定离不开认识主体，形象是认识主体对客体的表现和特征的评价和反映，社会公众往往是学校形象的评定者，良好的学校形象必须建立在社会公众认可的基础之上。

由此我们可以将学校形象定义为：学校的表现和特征在社会公众心目中的反映，是社会公众对学校的总体评价。

如果从学校自身分析，学校形象的构成要素可概括为"校风"和"校貌"两个方面。

"校风"是一所学校在长期办学过程中形成的内在的特征和风格，是学校形象的"软件"部分，主要内容包括：

1.学校理念

理念是理想化、系统化的并具有相对稳定性和延续性的认识、理想和观念体系。学校理念则是关于为什么办学校、如何办学校的思想观念，它反映学校特有的价值观，影响着学校的发展方向、办学目标、学校特色等。

学校理念有层次之分，不同类型的学校有不同的办学理念。如有的大学提出了"学术自由"、"大学自治"等办学理念；中小学提出的办学理念有"创新教育理念"、"全人教育理念"等。

长期以来，我国中小学往往用"一训、三风、一思想"代替学校理念，在具体表述中存在着内容的同质化、片面性和空泛化的倾向，或反映时代政治特点，如20世纪80年代的"求实"、"进取"，90年

代的"开拓"、"创新",当前的"与时俱进"等;或来自教育口号,如"素质教育"、"以学生为本"等。由此造成的学校理念的认识模糊和学校办学的价值缺位,严重影响学校的发展。

2.学校精神

学校精神是学校所追求的一种精神风貌,是学校理念和办学宗旨的集中体现,往往用简短的语言来表述,以校训的形式来表现。如北京师范大学的校训为"学为人师,行为师范"学的校训为"自强不息,厚德载物"等。

由于校训用简练的语言反映出学校的精神风貌,因而制定出能反映自己学校特色的校训也就受到各级各类学校的高度重视。李岚清同志曾指出,要以校训为核心,推动学校的精神文明建设和校园文化建设。

同时,学校精神也是学校在长期办学过程中凝聚而成的,一旦形成就具有相对稳定性并为广大公众所认可,从而产生极大的社会影响。

如人们在评价中国著名大学办学特色时,往往用"北大的创新、清华的严谨、南开的笃实、浙大的坚韧"来描述。还有人提出"北大的精神,在于前进,在于自新,在于涵容,在于博大"等。

3.办学目标和办学方针

学校的办学目标和办学方针。学校的办学目标指学校培养人才所特有的种类、层次、规格和要求,是学校理念的具体体现,是将学校办成什么样子的一种构想和规划。学校的办学方针则是办学目标进入具体实施层面后的显现,是实现办学构想和规划的政策和策略。

一般而言,学校的办学目标和办学方针应该定位在贯彻国家的教育方针,把培养合格的人才作为学校的办学宗旨,能够按照素质教育的要求,把全面提高学生的素质放在学校各项工作的首位。

但是,各所学校在具体确定时,应根据学校的类型和自身的特色,如上海世界外国语小学确定的办学方针是培养21世纪的国际型人才,其综合素质为"有教养的、有竞争力的、国际型的",围绕这一办学目标确定了一系列具体的办学方针。

4.学校凝聚力

即学校内部形成了为大多数人所认可的正确的价值观念,教职员工和学生都具有较强的归属感,能够真正把自己当作学校的一员,自觉地实现与学校的心理认同。学校凝聚力反映的是学校内部关系的协调状况,也就是学校成员之间的团结情况,它是学校运行和发展的基础,只有内部关系协调、成员团结一致的学校,才能更好地求得向外拓展。

5.学校的服务风格

学校的服务风格。即学校内部机构和工作人员的服务态度和服务效率,是否能够本着全心全意为学生服务的精神,办事认真负责,工作讲究效率,不推诿拖拉,及时为校内外公众服务。

"校貌"是一所学校外在的特征和风格，是学校形象的"硬件"部分，主要内容包括：

1. 学校的办学实力

学校的办学实力。即学校教师队伍的学历、年龄、知识结构和教学、科研功力，学校管理人员的情况和管理水平，学校的教学用房、教学设备的配备是否齐全、先进，学校在与同类型学校相比时所处的地位等。

2. 学校的办学环境

学校的办学环境。即学校的校园环境是否达到绿化和美化的要求，学校建筑物的布局和教学用房的装饰是否合理、美观等。除此之外，还应注意学校环境布置的特色和教育功能，使学生能够在优美的环境中受到良好的教育。

3. 学校的标志

学校的标志。即学校的校旗、校徽、校歌、校服的情况，学校是否有自己独特的色彩、独特的标志和独特的用品等。如1939年，陶行知先生亲自设计了重庆育才学校的校徽，并对校徽中的三个连锁的红血轮解释为：它们代表着有生命的学校、有生命的世界、有生命的历史都连成一体；第一个圆圈代表全校一体，第二个圆圈代表世界一体，第三个圆圈代表古今一体。还代表：智、仁、勇；真、善、美；工、学、团；教、学、做合一；自然、劳动、社会；头脑、双手、机器；迎接困难、分析困难、解决困难；认识社会、适应社会、改造社会；检讨过去、把握现在、创造未来；肯定、否定、否定之否定……

学校形象管理对学校发展的意义

随着我国教育管理体制的转轨，学校将越来越多地参与教育市场的竞争，能否通过教育市场获得更多的教育资源，对于学校发展意义重大。在这样的形势下，学校形象已成为学校进入教育市场时最重要

的无形资产。

它在学校运行和发展的过程中，能发挥特殊的功能、产生特殊的作用，从而推动或阻碍学校的发展。一般而言，其功用主要表现在：

一方面，从学校内部来看，良好的学校形象能够强化学校内部的凝聚力，使教职员工和学生能够自觉地实现与学校的心理认同，从而能够增强学校的向心力，有利于学校内部的团结统一；良好的学校形象还能够强化学校内部的行为规范，对师生形成一定的约束力，从而有助于形成良好的、健康的学校群体氛围，有利于加强学校的管理。

可见，良好的学校形象对于学校内部环境的优化能够起到重要的作用，这也是学校内求团结、内部关系和谐的必然要求。只有内部团结的组织才能更好地对外发展，因此，良好的学校形象也是学校健康运行和对外拓展的基础。

另一方面，从学校与外界的关系来看，学校的运行和发展离不开外部的支持，而具有良好形象的学校则往往能够获得社会的认可和政府的支持。

获得社会认可的学校生源充裕，筹措资金方便，优秀人才趋之若鹜，学校发展蒸蒸日上；反之，则学校招生时门可罗雀，办学资金无法筹措，优秀人才难以留住，学校陷入发展的泥沼中而无力自拔。

而且，在我国现在的条件下，国家依然是最大的办学主体，获得政府的支持就能使学校得到更多的政策方面的优惠和资金的扶持，就可以为学校的发展创造一个良好的外部环境，对学校的发展十分有利。

当前，在教育逐步走向市场的形势下，外部环境的优化在一定程度上对于学校的生存和发展更加具有直接的、决定性的意义。

因为，在市场经济条件下，经济资源总是受着价值规律的驱使，向最能发挥其作用、能够取得最大经济效益的地方集中，教育市场的

五彩校园文化艺术活动丛书

资源配置同样如此。

良好的学校形象如同一面旗帜，如同教育资源的吸收器，能够使教育资源源源不断地流入学校，从而使学校在教育市场的竞争中处于十分有利的地位。

学校形象对于学校的发展具有十分重要的意义，但是，在现实生活中，人们往往对学校形象建设的重要性认识不足，学校形象资源被忽视，被任意挪用的情况比比皆是。

媒体报道说同济大学作过一次小型调查，仅在上海的杨浦区，以"同济"为名的公司、企业和社会组织就达200多家，所涉及的行业颇为齐全，既有建筑设计单位，也有百货公司、理发铺、饮食摊等。

针对这种现象，许多专家认为，著名学校的校名是其无形资产的重要组成部分，由于国家多年来的大量投资，以及学校自身特有的文明程度和在国内外的影响，学校名称的含金量很高，当其进入生产领域时就会成为珍贵的商誉。因此，校名的无形资产亟需得到保护。

学校无形资产的问题开始引起人们的重视，如中国科技大学知识产权管理办公室就校名中英文简称"中科大"、"科技大"、"科大"、"USTC"、"CUST"等在教育服务类、科技服务类提出9件商标注册申请，并已全部被国家商标局受理。北京第四中学是一所具有较高社会声誉的学校，也对自己的校名进行了商标注册。

这表明校名作为学校品牌的象征，其巨大的社会价值和经济价值已经开始引起人们的重视。

但是，从总体上看，学校形象管理仍是一块待开垦的处女地，尚未引起我国中小学管理者的高度重视，更没有做到在学校的运营过程中，有意识地保护并运作好这一重要的无形资产，以推动学校的进一步发展。

图书在版编目（CIP）数据

校园媒体类活动指导手册 / 陈思瑾编著. -- 长春：吉林出版集团有限责任公司，2013.11（2020.11重印）
ISBN 978-7-5534-3312-7

Ⅰ．①校… Ⅱ．①陈… Ⅲ．①传播媒介－青年读物 ②传播媒介－少年读物 Ⅳ．①G206.2-49

中国版本图书馆CIP数据核字（2013）第226698号

校园媒体类活动指导手册

陈思瑾　编著

出 版 人：齐　郁
责任编辑：孙　婷
封面设计：大华文苑（北京）图书有限公司
版式设计：大华文苑（北京）图书有限公司
法律顾问：刘　畅
出　　版：吉林出版集团股份有限公司
发　　行：吉林出版集团青少年书刊发行有限公司
地　　址：长春市福祉大路5788号
邮政编码：130118
电　　话：0431-81629800
传　　真：0431-81629812
印　　刷：北京兴星伟业印刷有限公司
版　　次：2013年11月　第1版
印　　次：2020年11月　第3次印刷
字　　数：158千字
开　　本：710mm×1000mm　1/16
印　　张：12
书　　号：ISBN 978-7-5534-3312-7
定　　价：35.00元

版权所有　翻印必究